Werner Rosenberg

Die staatsrechtliche Stellung von Elsass Lothringen

Werner Rosenberg

Die staatsrechtliche Stellung von Elsass Lothringen

ISBN/EAN: 9783742857927

Hergestellt in Europa, USA, Kanada, Australien, Japan

Cover: Foto ©Suzi / pixelio.de

Manufactured and distributed by brebook publishing software (www.brebook.com)

Werner Rosenberg

Die staatsrechtliche Stellung von Elsass Lothringen

Die

staatsrechtliche Stellung

von Elsass-Lothringen

von

WERNER ROSENBERG

Staatsanwalt in Metz.

METZ, 1896.
Verlag von G. SCRIBA.

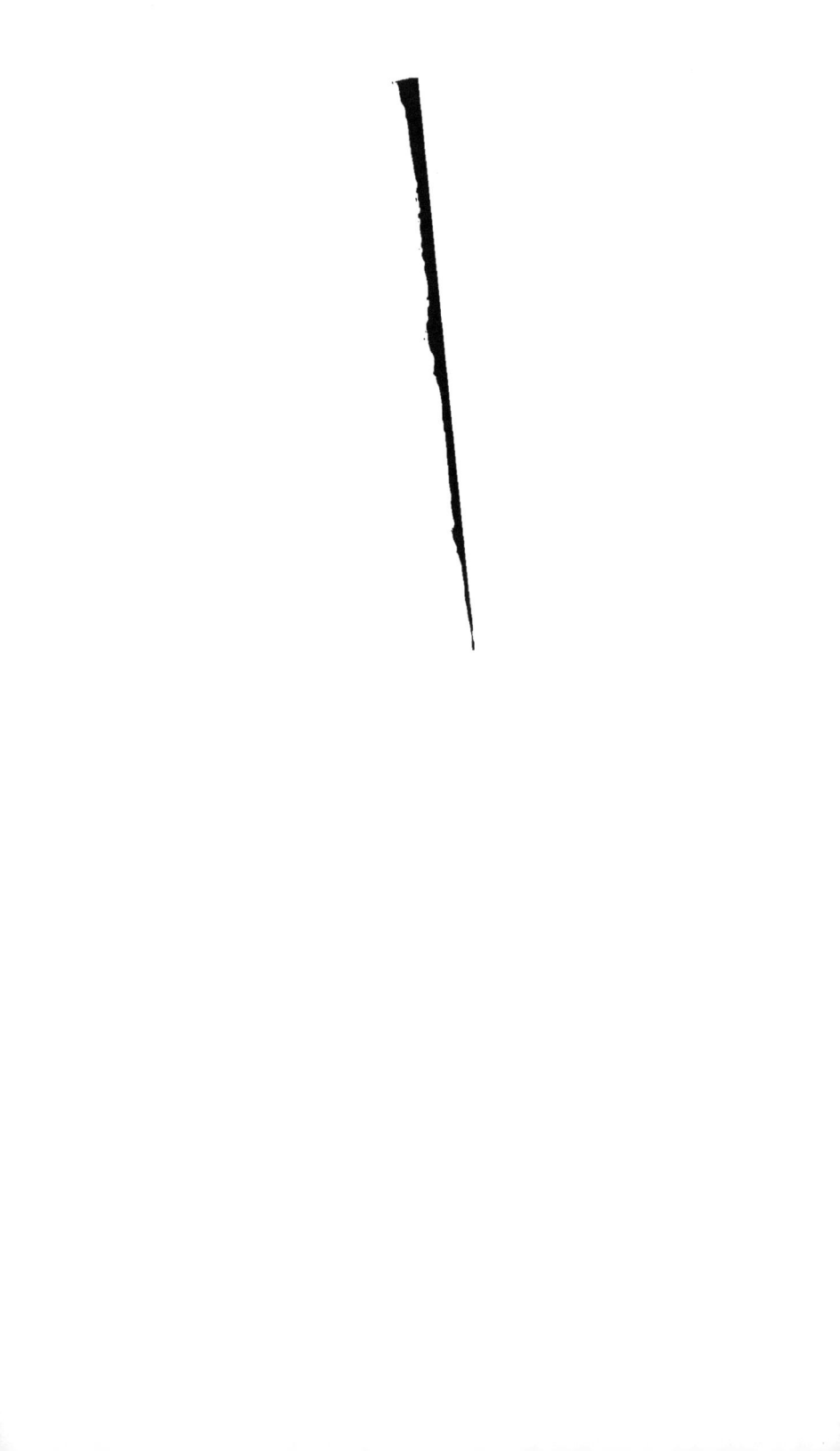

I.

Ueber die staatsrechtliche Stellung von Elsass-Lothringen bestehen fünf verschiedene Ansichten.

Die erste Ansicht wird von Laband vertreten. Derselbe behauptet, Elsass-Lothringen sei kein Staat, auch keine andere juristische Person des öffentlichen Rechts, sondern eine juristische Person des Privatrechts, ein nicht mit öffentlichen Rechten, sondern lediglich mit Vermögensrechten ausgestatteter Verwaltungsdistrikt, ein Vermögenssubjekt.[1]

[1] Laband: „Das Staatsrecht des deutschen Reiches." Dritte Auflage 1895 Bd. I. S. 680 „Elsass-Lothringen ist weder dem Reiche, noch dem Auslande gegenüber ein selbstständig berechtigtes Subjekt von Hoheitsrechten, von staatlichen Befugnissen und Pflichten, folglich kein Staat, sondern es ist ein Bestandtheil, ein Verwaltungsdistrikt des Reiches" — Bd. I S. 684 „Elsass-Lothringen ist keine Monarchie, denn es hat keinen persönlichen Landesherrn, und es ist ebenso wenig eine Republik, denn die Gesammtheit der Elsass-Lothringer ist nicht das Subjekt der Staatsgewalt. Es ist Bestandtheil oder Provinz des Reiches" — Bd. I S. 686 (Anm. 1): „Die reichsländische Verwaltung und Gesetzgebung hat in keiner Beziehung die mindeste Aehnlichkeit mit der Selbstverwaltung und Autonomie von Provinzial- oder anderen Communal-Verbänden, sondern sie ist die Bethätigung einer echten, wahren, mit allen Herrscherrechten ausgestatteten Staatsgewalt, nämlich der des Reiches" — „Das Reichsland ist überhaupt keine Körperschaft" — Bd. I S. 695. „Das Reichsland wird in finanzieller Hinsicht den Einzelstaaten vollkommen gleich behandelt. Es beruht dies darauf, dass es sich in den hier in Betracht kommenden Beziehungen nicht um staatliche Hoheitsrechte und staatliche Aufgaben, sondern um vermögensrechtliche Ansprüche und Leistungen handelt. Jeder Staat ist zwar nothwendig auch vermögensrechtliches Subjekt, aber nicht umgekehrt jeder öffentlich-rechtliche Verband mit selbstständiger privatrechtlicher Persönlichkeit ein Wesen staatlicher Natur. Gerade weil jede Provinz, jeder Bezirk eben so gut wie der Staat ein selbstständiges Vermögenssubjekt sein kann, ist es möglich, das Reichsland in allen die Finanzwirthschaft betreffenden Angelegenheiten vollkommen wie ein Bundesglied zu behandeln."

Die zweite Ansicht wird von Löning und Schulze vertreten. Dieselben behaupten, Elsass-Lothringen sei kein Staat, aber eine juristische Person des öffentlichen Rechts, ein mit öffentlichen Rechten ausgestatteter Selbstverwaltungskörper, ein autonomer Provinzial- oder Communal-Verband.[1])

Die dritte Ansicht wird von Hänel vertreten. Derselbe behauptet, Elsass-Lothringen sei kein Staat, auch keine juristische Person des öffentlichen Rechts oder des Privatrechts, sondern ein unselbstständiger Bestandtheil des Reiches, ein Verwaltungsdistrikt ohne eigene Hoheits- und Ver-

---

[1]) Löning. Lehrbuch des Deutschen Verwaltungsrechts. Leipzig 1884 S. 77. „Das Reichsland ist nicht blos ein Verwaltungsdistrikt, es ist vielmehr durch Reichsgesetz selbst zu einem korporativ gestalteten Gemeinwesen organisirt worden, das der Staatsgewalt des Reiches untersteht, von dem Reich seine Verfassung und die Rechtsnormen für seine Thätigkeit erhält, das aber auch von dem Reich mit weitgehenden Rechten der Autonomie und Selbstverwaltung ausgestattet ist . . . . . Das Reichsland ist eine dem Reiche untergeordnete, aber von dem Reiche verschiedene juristische Person, sowohl auf dem Gebiet des öffentlichen Rechts wie auf dem Gebiet des Privatrechts. Auf dem Gebiet des Vermögensrechts steht der Landesfiskus als eine gesonderte Persönlichkeit dem Reichsfiskus gegenüber, auf dem Gebiete des öffentlichen Rechts ist dem Lande das Recht verliehen, Rechtssätze durch seine Organe zu erzeugen und Staatsfunctionen durch seine Organe zu vollziehen."

Hermann Schulze: „Lehrbuch des deutschen Staatsrechts" Band II Leipzig 1886 S. 374 „Das Reichsland ist eine Provinz des Reiches ohne jede eigene Staatsgewalt. Diese Provinz ist aber nicht nur ein Verwaltungsbezirk des Reiches, sondern ein Communalverband, ein Gemeinwesen mit öffentlich-rechtlichen und privatrechtlichen Befugnissen, die ihm vom Reiche übertragen sind, durch welche es zu einer eigenen Persönlichkeit erhoben worden ist. Als solche hat es ein weitgehendes Recht der Selbstverwaltung, einen eigenen Landeshaushalt, den man als Landesfiskus bezeichnet, eigene Landesbehörden und Landesbeamte, welche nicht mit den Reichsbehörden und Reichsbeamten identisch sind. Ein Analogon findet das Reichsland hierin in den preussischen Provinzialverbänden, nur dass seine Selbstständigkeit eine noch weitergehende ist."

mögens-Rechte; Staat und Reich seien in Elsass-Lothringen identisch.[1])

Die vierte Ansicht wird von Leoni vertreten. Derselbe hat früher — in seiner 1883 erschienenen Schrift: „Das Staatsrecht der Reichslande Elsass-Lothringen" — behauptet, Elsass-Lothringen sei kein S t a a t, sondern ein S t a a t s w e s e n, ohne jedoch eine Definition des von ihm erfundenen Begriffs „Staatswesen" zu geben und die Unterschiede dieses Begriffs, von den Begriffen „S t a a t" einerseits und „Provinz" andererseits zu erläutern.[2])

---

[1]) Hänel: „Deutsches Staatsrecht". Leipzig 1892 Bd. I S. 835 „Elsass-Lothringen ist keine staatliche Gliederung des Reiches, ja es bildet nicht ein Mal — was es auch ohne wesentliche Veränderung seiner Rechtsstellung thun könnte — einen reichsunmittelbaren Selbstverwaltungskörper. Es ist Reichsland in dem Sinne, dass, unbeschadet der konstitutionellen Beschränkungen, die ihm im Interesse der Bevölkerung für die Landesangelegenheiten aufgelegt sind, das Reich schlechthin den Staat in Elsass-Lothringen bildet. Das Reich ist in der territorialen Beschränkung auf Elsass-Lothringen nicht ein Staatswesen in der Weise des Bundesstaates, sondern in der Weise des Einheitsstaates. Die Reichsgewalt ist in Elsass-Lothringen trotz ihrer verschiedenen Organisation je nach Reichs- und Landesangelegenheiten die konsolidirte Staatsgewalt des Einheitsstaates". — S. 830 „Eine korporative Bildung im Sinne der Selbstverwaltung weisen nur die Bezirke und die Gemeinden auf, nicht aber die Kreise und nicht Elsass-Lothringen als Ganzes". — S. 831 „Die Organisation des Reichslandes weist es auf, dass die Handhabung der Staatsgewalt in den Landesangelegenheiten an andere Organe gebunden ist, als es die Handhabung der gemeingültigen Kompetenzen im Reiche überhaupt und in Anwendung auf Elsass-Lothringen ist . . . . . . Auch die anderen Organe sind ausnahmslos und ausschliesslich Organe des Reiches. Nirgends und an keinem Punkte ist ihnen eine rechtliche Bedeutung beigelegt, welche sie als Organe eines von dem Reiche verschiedenen politischen Gemeinwesens Elsass-Lothringen betrachten lässt". — S. 833 „Der Unterschied von Reichsfiskus und von Staatsfiskus besteht in Elsass-Lothringen nicht." — S. 834 „Die Fiktion eines von dem Reichsfiskus verschiedenen, dem Einzelstaatsfiskus gleichstehenden Landesfiskus in Elsass-Lothringen ist ein praktisch und theoretisch vollkommen gerechtfertigtes theoretisches Hülfsmittel, aber auch nur ein solches."

[2]) Leoni: „Das Staatsrecht der Reichslande Elsass-

In seiner späteren, 1892 erschienenen Schrift „Das Verfassungsrecht von Elsass-Lothringen" hat Leoni die Unterscheidung zwischen „Staat" und „Staatswesen" wieder fallen lassen. Derselbe stellt nunmehr die Ansicht auf, Elsass-Lothringen sei ein Staat und zwar eine Monarchie; Landesherr von Elsass-Lothringen sei der Kaiser. Das Reich habe durch § 3 des Gesetzes vom 9. Juni 1871 die Landeshoheit über Elsass-Lothringen dem Kaiser übertragen, könne ihm dieselbe aber ohne seine Zustimmung wieder nehmen.[1])

Die fünfte Ansicht wird von Seydel und dem ungenannten Verfasser der Schrift „Das Recht des Wiedergewonnenen" vertreten. Dieselben behaupten, Elsass-Lothringen sei ein Staat, aber keine Monarchie, sondern eine Pleonarchie [2]); Subjekt der Staatsgewalt in Elsass-Lothringen sei nicht eine

---

Lothringen" (in Marquardsens Handbuch des öffentlichen Rechts Band II) S. 226: „Mit Recht wird Elsass-Lothringen die Bezeichnung als Staat verweigert."

[1]) Leoni: „Das Verfassungsrecht von Elsass-Lothringen" Freiburg 1892, S. 5: „Die Bildung eines besonderen und zwar monarchischen Staatswesens erfolgte dadurch, dass das Reich durch § 3 des Gesetzes vom 9. Juni 1871 die Ausübung der Staatsgewalt dem Kaiser übertrug" . . . . . S. 7: „Uns dünkt, dass überall da, wo die Gesammtheit der Einwohner eines Gebiets unter einem höchsten Herrscherwillen vereinigt ist, auch ein Staat besteht und wir glauben dargethan zu haben, dass diese Voraussetzung auch für Elsass-Lothringen zutrifft" . . . . S. 48: „Der Kaiser ist der Landesherr von Elsass-Lothringen. Die Stellung des Kaisers als Landesherr von Elsass-Lothringen unterscheidet sich in einem wesentlichen Punkte von derjenigen der anderen deutschen Fürsten und von seiner eigenen als König von Preussen . . . . . . Die deutschen Landesherren sind Inhaber der Staatsgewalt aus selbstständigen eigenem Rechte. Die rechtliche Grundlage der Staatsgewalt des Kaisers ist dagegen ein Reichsgesetz, dass von Rechtswegen ohne seine Zustimmung abgeändert und aufgehoben werden kann; die Staatsgewalt des Kaisers wurzelt nicht in seiner Person, sondern im Reiche; sein Recht ist ein abgeleitetes."

[2]) Gareis „Allgemeines Staatsrecht" (in Marquardsen, Handbuch des öffentlichen Rechts Bd. I, erster Halbband) S. 38.

einzige Person, sondern eine Mehrheit von Personen, die Gesammtheit der deutschen Bundesstaaten.[1] — Die erste, zweite und dritte Ansicht stimmen also darin überein, dass sie die Existenz eines Staates Elsass-Lothringen leugnen. Die vierte und fünfte Ansicht stimmen darin überein, dass sie die Existenz eines Staates Elsass-Lothringen anerkennen.

---

[1] Max Seydel: „Der Bundesstaatsbegriff" in der Zeitschrift für die gesammte Staatswissenschaft Bd. 28 Tübingen 1872, „Es sind nur zwei Dinge denkbar: entweder ist Elsass-Lothringen ein Staat oder der Theil eines Staates. Nach § 1 des Gesetzes wird es mit dem Deutschen Reiche, also mit dem Bunde, vereinigt. Der Bund aber — und auch der Bundesstaat, wenn wir uns auf den gegnerischen Standpunkt stellen — ist eine Vereinigung von Staaten. Soll also Elsass-Lothringen zum Bunde gehören, so muss es ein Staat sein. Und das erkennen sowohl die Motive an, wenn sie unter Ziff. V sagen, dass das Reich als Träger der Staatshoheit über das Reichsland erscheint, als auch das Gesetz, wenn es in § 3 bestimmt: Die Staatsgewalt in Elsass-Lothringen übt der Kaiser aus. Wo eine Staatsgewalt, da muss doch wohl ein Staat sein. Ein von einer Souveränetät beherrschtes Land, das nicht Provinz eines anderen Staats ist, ist eben selbst Staat." . . . . Die Souveränetät in Elsass-Lothringen steht nicht dem Kaiser zu, er übt sie nur aus und auch dies nicht vollständig: die Souveränetät steht zu denjenigen, welchen sie abgetreten wurde, den verbündeten, deutschen Souveränen."

— „Das Recht der Wiedergewonnenen" (anonym) Berlin 1883 S. 76: „Das Reich hat die Souveränetät über Elsass-Lothringen; der Kaiser übt sie im Namen des Reiches aus; Kaiser und Reich zusammen sind der Souverän über Elsass-Lothringen, wie der König von Preussen der Souverän ist von Preussen. Ein Souverän und ein von gesellig beisammen lebenden Menschen bewohntes Land, über welches die Souveränetät ausgeübt wird, machen aber zusammen einen Staat aus. Eine Provinz des Deutschen Reiches kann Elsass-Lothringen, wie Herr Laband meint, nicht sein, so wenig als das Königreich Preussen eine Provinz des Königs von Preussen ist. Das Reich hat keine Provinzen, sondern nur unter ihm stehende Einzelstaaten und, wenn andere Bundesstaaten des Deutschen Reichs, wie Elsass-Lothringen, der eigenen Staatshoheit entkleidet wären, so wären auch sie keine Provinzen des Reichs, sondern Provinzen des durch sie vergrösserten Reichslands. Nur wenn alle Einzelstaaten ihrer eigenen Staatshoheit verlustig gingen, dann wären diese Staaten, wie Elsass-Lothringen, Provinzen des Reichs

II.

Gegen die drei ersten Ansichten, welche die Existenz eines Staates Elsass-Lothringen leugnen, sprechen folgende Gründe:

1) Wenn Elsass-Lothringen kein Staat ist, so kann es auch keine elsass-lothringische Staatsangehörigkeit geben. Die Vertreter der erwähnten Ansichten behaupten demgemäss, die Elsass-Lothringer besässen keine von der Reichsangehörigkeit verschiedene Staatsangehörigkeit, sondern einzig und allein die Reichsangehörigkeit.[1])

Diese Ansicht steht mit dem geltenden Recht in Widerspruch. Im Reichslande besteht ein Gesetz über Erwerb und Verlust der elsass-lothringischen Staatsangehörigkeit, nämlich das Gesetz des Norddeutschen Bundes über die Erwerbung und den Verlust der Bundes- und Staatsangehörigkeit vom 1. Juni 1870, welches durch § 2 des Gesetzes vom 16. April 1871 zum Reichsgesetz erklärt und durch Gesetz vom 8. Januar 1873 auch in Elsass-Lothringen eingeführt worden ist.

Laband sucht den Widerspruch zwischen seiner Theorie und dem geltenden Rechte dadurch zu beseitigen, dass er behauptet, die Einführung des Gesetzes vom 1. Juni 1870 in

---

als eines Einzelstaats, nicht mehr eines Bundesstaats. Da das Reichsland weder eine Provinz noch ein Einzelstaat ist, so ist es ein selbstständiger Staat, aber ein Staat nicht im Reiche, sondern unter dem Reiche, welches das Subjekt der Souveränetät ist."

[1]) Laband Bd. I S. 689: „Wenn es richtig ist, dass das Reichsland kein Staat ist, so ergiebt sich als nothwendige Folge, dass es auch keine elsass-lothringische Staatsangehörigkeit giebt. Der begriffliche Unterschied zwischen Staatsbürgerrecht und Reichsbürgerrecht hat für das Reichsland keinen Raum; die Elsass-Lothringer sind Deutsche in derselben Art, wie die Pommern und Brandenburger Preussen sind."

— Hänel „Deutsches Staatsrecht" Bd. I S. 832: „Der Unterschied von Reichsangehörigkeit und Staatsangehörigkeit besteht in Elsass-Lothringen nicht. An Stelle desselben tritt hier die ausschliessliche Reichsangehörigkeit."

Elsass-Lothringen habe ganz andere Wirkungen gehabt, als der Wortlaut des Gesetzes vermuthen lasse:

„Die Einführung dieses Gesetzes in Elsass-Lothringen hat materiell nur die Folge, dass dieselben Thatsachen, welche in den Bundesstaaten den Erwerb oder Verlust der Staatsangehörigkeit und in untrennbarem Zusammenhange damit den der Reichsangehörigkeit begründen, in Elsass-Lothringen unmittelbar den Erwerb oder Verlust der Reichsangehörigkeit bewirken, und dass formell die Behörden des Reichslandes dasselbe Verfahren beobachten, wie im übrigen Reichsgebiet die Behörden der Einzelstaaten." [1])

Diese Auslegung des Gesetzes vom 1. Juni 1870 ist nach dem Wortlaut desselben einfach unmöglich.

§ 1 des genannten Gesetzes lautet:

„Die Bundesangehörigkeit wird **durch die Staatsangehörigkeit** in einem Bundesstaate erworben und erlischt mit deren Verlust."

Die §§ 2—11 regeln den Erwerb der **Staatsangehörigkeit**.

Die §§ 13—22 regeln den Verlust der **Staatsangehörigkeit**.

Das Gesetz unterscheidet also scharf Bundesangehörigkeit und Staatsangehörigkeit als zwei verschiedene Begriffe von einander. Das Gesetz bestimmt, dass nicht die Bundesangehörigkeit verliehen wird, sondern die Staatsangehörigkeit, dass nicht aus der Bundesangehörigkeit entlassen wird, sondern aus der Staatsangehörigkeit, dass nicht die Bundesangehörigkeit durch Beschluss der Centralbehörde des Heimathstaates entzogen werden kann, sondern die Staatsangehörigkeit, dass also die Bundesangehörigkeit lediglich Folge und Wirkung der Staatsangehörigkeit ist.

Nach § 7 **muss** ferner die elsass-lothringische Staatsangehörigkeit auf Verlangen solchen Personen verliehen werden, welche als Bürger eines anderen deutschen Staates die Reichs-

---
[1]) Laband Bd I S. 689.

angehörigkeit bereits besitzen. Wenn elsass-lothringische Staatsangehörigkeit und Reichsangehörigkeit identisch wären, so müsste also einem in Elsass-Lothringen wohnhaften Preussen, welcher die Reichsangehörigkeit bereits besitzt, auf sein Verlangen die Reichsangehörigkeit nochmals verliehen werden!

Nach § 15 muss die Entlassung aus der elsass-lothringischen Staatsangehörigkeit jedem Staatsangehörigen ertheilt werden, welcher nachweist, dass er in einem anderen Bundesstaate die Staatsangehörigkeit erworben hat. Wenn elsass-lothringische Staatsangehörigkeit und Reichsangehörigkeit identisch wären, so müsste also einem Elsass-Lothringer, welcher die preussische Staatsangehörigkeit erworben hat, auf Verlangen die Entlassung aus der Reichsangehörigkeit ertheilt werden. Trotz dieser Entlassung aber würde derselbe wegen seiner Zugehörigkeit zum preussischen Staat die Reichsangehörigkeit behalten!

Wenn elsass-lothringische Staatsangehörigkeit und Reichsangehörigheit identisch wären, so müsste das Einführungsgesetz vom 8. Januar 1873 folgendermassen lauten: „Wo in dem Gesetz vom 1. Juni 1870 von Bundesstaaten und deren Indigenat die Rede ist, sind das Deutsche Reich und dessen entsprechende Beziehungen zu vestehen." Statt dessen lautet Artikel 2 des erwähnten Einführungsgesetzes: „Wo im Gesetz vom 1. Juni 1870 von dem Norddeutschen Bunde und dessen Indigenat die Rede ist, sind das Deutsche Reich und dessen entsprechende Beziehungen zu verstehen".

Laband folgert aus dem Umstande, dass die elsasslothringische Staatsangehörigkeit zur Ausübung des Wahlrechts für die Bezirkstage, Kreistage und Gemeinderäthe im Reichslande nicht erforderlich ist, dass das elsass-lothringische Staatsbürgerrecht im Gegensatz zum Reichsbürgerrecht genommen, ein völlig inhaltloses Recht sei; ein solches Recht zu fingiren widerspreche aber allen Regeln einer vernunftmässigen juristischen Construktion.¹)

Hiergegen ist zu bemerken: Staatsangehörigkeit und Staatsbürgerrecht sind nicht identische Begriffe; ersteres besitzen auch Frauen und Kinder; letzteres, die aktive politische Berechtigung (qualité de Citoyen im Gegensatze zur qualité de Français)²) können nur erwachsene männliche Personen haben. Das Gesetz vom 1. Juni 1870 bezieht sich lediglich auf die elsass lothringische Staatsangehörigkeit, nicht auf das elsass-lothringische Staatsbürgerrecht. Die elsass-lothringische Staatsangehörigkeit aber ist kein inhaltloses Recht. Dieselbe hat folgende Wirkungen:

a) sie vermittelt den Besitz der Reichsangehörigkeit;

b) sie ist die Vorbedingung für den Erwerb eines Unterstützungswohnsitzes im Reichslande, in welchem das Reichsgesetz über den Unterstützungswohnsitz vom 6. Juni 1870 bezw. 12. März 1894 nicht gilt; ³)

c) sie verleiht ein Wohnrecht im Reichslande in denjenigen Fällen, in welchen Angehörige der übrigen deutschen Staaten auf Grund des § 3 Absatz 2 des Freizügigkeitsgesetzes vom 1. November 1867 aus dem Reichslande ausgewiesen werden können.⁴)

Hänel sucht seine Theorie mit dem geltenden Recht dadurch in Einklang zu bringen, dass er behauptet, das Gesetz vom 8. Januar 1873 habe für Elsass-Lothringen zwar keine **Staatsangehörigkeit**, aber eine **Landesangehörigkeit** geschaffen.⁵) Da indessen nach Hänels

---
¹) Laband Bd. I S. 690—691.
²) Artikel 7, 9, 10 code civil.
³) Mandel: „Verwaltungsrecht von Elsass-Lothringen." Freiburg-Leipzig 1895 S. 154.
⁴) Mandel: a. a. O. 148—149; Laband Bd. I S. 141 Anm. 1.
⁵) Hänel: Deutsches Staatsrecht Bd. I S. 833: „Durch das Gesetz vom 8. Januar 1873 ist der rechtliche Begriff der Landesangehörigkeit geschaffen worden, die nunmehr durch die nämlichen Thatsachen erworben und verloren wird, wie die Angehörigkeit zu einem Einzelstaate. Allein die Landesangehörigkeit ist nichts anderes, als ein

Theorie Elsass-Lothringen gar kein Land im juristischen Sinne d. h. kein Rechtssubjekt, sondern blos ein Land im geographischen Sinne ist, so ist nicht zu verstehen, aus welchem Grunde und zu welchem Zwecke der Gesetzgeber die Zugehörigkeit zu einem geographischen Begriffe durch Rechtssätze geregelt haben sollte.

Reichsangehörigkeit und Staatsangehörigkeit sind also in Elsass-Lothringen nicht identisch, folglich kann auch Reich und Staat in Elsass-Lothringen nicht identisch sein.

2) Wenn Elsass-Lothringen kein Staat ist, so kann es auch keine elsass-lothringische Staatsverwaltung geben. Laband und Hänel behaupten daher, die elsass-lothringische Verwaltung sei nicht Staatsverwaltung, sondern Reichsverwaltung.[1]

Ausschnitt aus der Reichsangehörigkeit. Sie ist denjenigen Personen beigelegt, bei denen die Thatsachen, welche die Umwandelung der französischen in die deutsche Unterthanenschaft bewirkten, oder die Erwerbsgründe des Gesetzes vom 1. Juni 1870 zutreffen. Sie bewirkt die nämliche Rechtsstellung dieser Personen in ihrem Verhältniss zu den mit den Landesangelegenheiten Elsass-Lothringens betrauten Reichs-Organen, welche den Angehörigen des Einzelstaates kraft der Staatsangehörigkeit im Verhältniss zu den Organen der Einzelstaaten zukommt. Sie ist mit der Bundesangehörigkeit als der Rechtsstellung, in welcher jeder Staats und hier Landes-Angehöriger im Verhältniss zu den gemeingültigen Reichsorganen steht, in der nämlichen Weise verknüpft, wie dies die Einzelstaatsangehörigkeit ist."

[1]) Laband Bd. I S. 685: „Diese decentralisirte Verwaltung (im Reichslande) ist und bleibt Reichsverwaltung nicht Selbstverwaltung. Das Reich führt nicht nur die Oberaufsicht über diese Verwaltung, sondern die Verwaltung selbst." S. 686: „Der Umstand allein, dass das Reich nur ein einziges Reichsland hat, verhüllt die Thatsache, dass die Landesverwaltung in Elsass-Lothringen decentralisirte Reichsverwaltung, dass sie nicht Staatsverwaltung eines Bundesgliedes, sondern Provinzial-Verwaltung des Reiches ist."

Hänel: Deutsches Staatsrecht Bd. I S. 831. „Sämmtliche Behörden und Beamten, administrative und gerichtliche, können in allen Landesangelegenheiten irgend eine Kompetenz nur ausüben im Namen und unter der Autorität des Kaisers und damit des Reiches. Sie sind Reichsbeamte ohne alle und jede Ausnahme."

Einen wesentlichen Unterschied zwischen Staatsverwaltung und Reichsverwaltung findet Laband in folgenden Punkten:

a) Die von den Behörden der Reichsverwaltung innerhalb ihrer Competenz abgeschlossenen Verträge berechtigen und verpflichten den Reichsfiskus; die von den Behörden einer Staatsverwaltung innerhalb ihrer Competenz abgeschlossenen Verträge berechtigen und verpflichten den Landesfiskus.

b) Für die Competenz der Reichsbehörden zum Erlass obrigkeitlicher Verfügungen, die Zulässigkeit von Beschwerden, die Folgen der Nichtbeobachtung des in der Verfügung ertheilten Befehls sind die Vorschriften der Reichsgesetze massgebend; für die Competenz der Staatsbehörden zum Erlass obrigkeitlicher Verfügungen, für die Form dieser Verfügungen, die Zulässigkeit von Beschwerden, die Folgen der Nichtbeobachtung des in der Verfügung ertheilten Befehls sind die Vorschriften der Landesgesetze massgebend, soweit nicht durch Reichsgesetz besondere Vorschriften ergangen sind.

c) Die Leitung der Reichsverwaltung steht dem Reichskanzler zu; die Leitung der einzelnen Staatsverwaltungen steht den Centralbehörden der Einzelstaaten zu. Der Reichskanzler kann den Reichsbehörden, aber nicht den Staatsbehörden unmittelbar Dienstbefehle ertheilen. Das Reich kann die von den Reichsbehörden, aber nicht die von den Staatsbehörden erlassenen Verfügungen aufheben oder abändern. Das Reich kann gegen Reichsbeamte aber nicht gegen Staatsbeamte d i r e k t einschreiten.

d) Die politische Verantwortlichkeit für die Reichsverwaltung trägt der Reichskanzler; die politische Verantwortlichkeit für die einzelnen Staatsverwaltungen tragen die Minister der Einzelstaaten. Für die einzelnen Zweige der Reichsverwaltung können verantwortliche Stellvertreter des Reichskanzlers ernannt werden, für die Staatsverwaltungen und die einzelnen Zweige derselben dagegen nicht.[1]

---

[1] Laband Bd. I S. 676—678.

Die von den elsass-lothringischen Behörden innerhalb ihrer Competenz abgeschlossenen Verträge nun berechtigen und verpflichten niemals den Reichsfiskus, sondern immer nur den Landesfiskus. Die durch Artikel 7 der Reichsverfassung begründete Befugniss des Bundesraths, Verwaltungs-Verordnungen zur Ausführung von Gesetzen zu erlassen, bezieht sich nur auf Reichsgesetze, nicht auf elsass-lothringische Landesgesetze. Artikel 17 der Reichsverfassung, nach welchem die Anordnungen und Verfügungen des Kaisers zu ihrer Gültigkeit der Gegenzeichnung des Reichskanzlers bedürfen, bezieht sich nicht auf die Angelegenheiten der elsass-lothringischen Landesverwaltung. Die Anordnungen und Verfügungen des Kaisers in letzteren bedürfen zu ihrer Gültigkeit der Gegenzeichnung des Statthalters.

Der Reichskanzler ist die oberste Beschwerde-Instanz für alle Zweige der Reichsverwaltung, aber für keinen einzigen Zweig der elsass-lothringischen Landesverwaltung.

Soweit die Nichtbeobachtung einer obrigkeitlichen Verfügung durch einen Landesbeamten ein Disciplinar-Vergehen enthält, kommt nicht das Reichsbeamten-Gesetz, sondern das elsass-lothringische Gesetz betreffend die Rechtsverhältnisse der Beamten und Lehrer zur Anwendung. Beide Gesetze sind zwar durch denselben Akt der Gesetzgebung — Gesetz vom 23. Dezember 1873 — in Elsass-Lothringen eingeführt worden, stimmen aber doch nicht völlig überein. Die Funktionen, welche das Reichsbeamtengesetz dem Reichskanzler, dem Bundesrath und den obersten Reichsbehörden beilegt, sind bezüglich der elsass-lothringischen Beamten dem Statthalter und dem Ministerium in Strassburg übertragen worden.[1]) Auch sind die Disciplinarkammern für Reichsbeamte und elsass-lothringische Beamte verschieden.[2])

---

[1]) § 2 und 8 des Gesetzes vom 4. Juli 1879; Verordnung vom 22. Dezember 1891.

[2]) Verordnung vom 7. Januar 1874 und 10. Juni 1874.

Der Reichskanzler ist die oberste Verwaltungsinstanz für alle Zweige der Reichsverwaltung, aber nicht für die elsass-lothringische Landesverwaltung. Die Funktionen, welche derselbe gemäss § 4 des Gesetzes vom 9. Juni 1871 in elsass-lothringischen Landesangelegenheiten hatte, sind durch § 2 des Gesetzes vom 4. Juli 1879 auf den Statthalter übertragen worden. In Folge dessen kann der Reichskanzler den elsass-lothringischen Behörden nicht unmittelbar Dienstbefehle ertheilen, die von diesen Behörden erlassenen Verfügungen nicht aufheben oder abändern und nicht direkt gegen elsass-lothringische Beamte einschreiten. Die politische Verantwortlichkeit für die elsass-lothringische Verwaltung trägt nicht der Reichskanzler, sondern der Statthalter. Ein verantwortlicher Stellvertreter des Reichskanzlers kann auf Grund des Gesetzes vom 17. März 1878 für die elsass-lothringische Landesverwaltung nicht ernannt werden, da der Reichskanzler selbst keine Verwaltungsbefugnisse im Bereich dieser Verwaltung hat.

Nach der eigenen Theorie von Laband kann also die elsass-lothringische Verwaltung nicht Reichsverwaltung sein.

Aus dem Rechtszustand vor dem 1. Oktober 1879 können keine Schlüsse auf den gegenwärtigen Rechtszustand gezogen werden, da die frühere Verbindung der Aemter des Reichskanzlers und des verantwortlichen Ministers für Elsass-Lothringen eine rein zufällige, nicht durch sachliche, sondern persönliche Verhältnisse bedingte gewesen ist.[1]

Hänel sucht die Unterschiede zwischen Reichsverwaltung und elsass-lothringischer Landesverwaltung dadurch zu erklären, dass er behauptet, das Reich habe besondere Organe für die Reichsverwaltung und besondere Organe für die elsass-lothringische Landesverwaltung.[2] Diese Erklä-

---

[1] Vgl. Rede des Fürsten Bismarck in der Reichstagssitzung vom 25. Mai 1871 Sten. Ber. S. 924. „S. Majestät der Kaiser kann ja einen verantwortlichen Minister für Elsass-Lothringen ernennen. Ich habe als Bundeskanzler eigentlich dazu keinen nothwendigen Beruf."

[2] Hänel: „Deutsches Staatsrecht", Bd I S. 828, 831.

rung würde jedoch nur dann stichhaltig sein, wenn für die Organe der Reichsverwaltung und für die Organe der elsass-lothringischen Landesverwaltung ein gemeinsames Central-Organ existirte, denn ohne ein solches gemeinsames Central-Organ für sämmtliche Zweige der Reichsverwaltung ist eine Einheit der Reichsverwaltung, eine Einheit der Reichsregierung und eine Einheit der Reichsgewalt undenkbar.[1]) Ein solches gemeinsames Central-Organ für die Reichsverwaltung und für die elsass-lothringische Landesverwaltung ist aber nicht vorhanden Die elsass-lothringische Landesregierung steht zu der Reichsregierung in demselben Verhältniss, in welchem die bairische und sächsische Regierung zu der Reichsregierung stehen, d. h. in allen zur Competenz des Reiches gehörigen Angelegenheiten ist die elsass-lothringische Landesregierung der Beaufsichtigung durch die Reichsregierung unterworfen; in allen nicht zur Competenz des Reiches gehörigen Angelegenheiten steht sie in voller Unabhängigkeit neben der Reichsregierung.

Der Kaiser kann als gemeinsames Central-Organ für die Reichsverwaltung und für die elsass-lothringische Landesverwaltung ebenso wenig angesehen werden, wie er als gemeinsames Central-Organ für die Reichsverwaltung und für die preussische Staatsverwaltung angesehen werden kann, denn seine Funktionen als Organ der Reichsverwaltung, der preussichen Staatsverwaltung und der elsass-lothringischen Landesverwaltung beruhen auf drei ganz verschiedenen Rechtstiteln. Das Recht des Kaisers auf das Bundespräsidium und auf das Bundesfeldherrn-Amt ist ein Sonderrecht des preussischen Staates. Dasselbe kann ohne Zustimmung des preussischen Staates durch die Reichsgesetzgebung weder eingeschränkt noch aufgehoben werden. Das Recht des

---

[1]) Schulze: „Lehrbuch des Deutschen Staatsrechts" Bd. I, S. 28: „Der Staat als einheitliche Persönlichkeit kann auch nur einen einheitlichen Willen haben. Darum ist Einheit und Untheilbarkeit eine wesentliche Eigenschaft der Staatsgewalt. Es ist ein Widerspruch, mehrere selbstständige Staatsgewalten „pouvoirs", anzunehmen.

Kaisers auf Ausübung der Staatsgewalt in Elsass-Lothringen ist kein Sonderrecht des preussischen Staates. Dasselbe kann ohne Zustimmung des preussischen Staates durch die Reichsgesetzgebung eingeschränkt und aufgehoben werden. Reichsverwaltung und Staatsverwaltung sind also in Elsass-Lothringen nicht identisch; folglich können auch Reich und Staat in Elsass-Lothringen nicht identisch sein.

3) Wenn Elsass-Lothringen kein Staat ist, so kann es auch keinen elsass-lothringischen Fiskus geben, denn „Staat" und „Fiskus" sind nicht Bezeichnungen für verschiedene Personen, sondern verschiedene Bezeichnungen für dieselbe Person.[1]) Dieselbe juristische Person heisst „Staat" als Subjekt von öffentlichen und privaten Rechten, von Hoheits- und Vermögensrechten, Fiskus als Subjekt lediglich von Vermögensrechten.

Hänel behauptet daher, der elsass-lothringische Fiskus sei kein selbstständiger Fiskus, sondern ein Theil (eine Station) des Reichsfiskus; die Selbstständigkeit des elsasslothringischen Fiskus gegenüber dem Reichsfiskus sei nur eine fingirte.[2])

Wenn diese Ansicht von Hänel richtig ist, so ergeben sich aus der Identität von Reichsfiskus und Landesfiskus für Elsass-Lothringen folgende Consequenzen:

Die Ueberschüsse der Landeskasse müssen in die Reichskasse fliessen, ebenso wie die Ueberschüsse der übrigen Stationen des Reichsfiskus (z. B. Postfiskus, Reichseisenbahnfiskus) in die Reichskasse fliessen; das Landesvermögen muss ein Theil des Reichsvermögens sein; die Landesschulden müssen ein Theil der Reichsschulden sein; Rechtsverhältnisse zwischen Reichsfiskus und Landesfiskus können nicht bestehen[3]); die Einführung des Reichsgesetzes vom 25. Mai 1873 betreffend die Rechtsverhältnisse der zum dienstlichen

---

[1]) Laband Bd. II S. 802. „Der Reichsfiskus ist identisch mit dem Reich; er bezeichnet das Reich als Vermögenssubjekt."
[2]) Hänel: „Deutsches Staatsrecht" Bd. I S. 833—834.
[3]) Laband Bd. II S. 802. „Durch die Einheit des Reichsfiskus ist

Gebrauch einer Reichsverwaltung bestimmten Gegenstände, welche durch Gesetz vom 8. Dezember 1873 in Elsass-Lothringen erfolgt ist, muss eine vollständig überflüssige und zwecklose Massregel gewesen sein. In Wirklichkeit ist nun Alles gerade umgekehrt. Die Ueberschüsse der Landeskasse fliessen nicht in die Reichskasse; vielmehr erhält die Landeskasse aus der Reichskasse ihren verhältnissmässigen Antheil an den Ueberschüssen der Zölle, Branntweinsteuer, Tabaksteuer und Reichs-Stempelabgaben, ebenso wie die Kasse jedes Bundesstaats. Landesvermögen und Reichsvermögen sind nicht identisch. Die Reichseisenbahnen in Elsass-Lothringen gehören zum Reichsvermögen, aber nicht zum Landesvermögen. Die Staatsforsten, die Tabakmanufaktur und der Betriebsfonds der Landesverwaltung in Elsass-Lothringen gehören zum Landesvermögen, aber nicht zum Reichsvermögen. Die Gläubiger des Landes haben keinen Anspruch gegen die Reichskasse und die Gläubiger des Reiches keinen Anspruch gegen die Landeskasse. Rechtsverhältnisse zwischen Reichsfiskus und Landesfiskus sind möglich, wie das Reichsgericht wiederholt anerkannt hat.[1]) Die Einführung des Reichsgesetzes vom 25. Mai 1873 in Elsass-Lothringen hatte praktische Bedeutung für das Eigenthum an allen vom französischen Staatsfiskus abgetretenen, im Besitz der Postverwaltung und der Militärverwaltung befindlichen Mobilien und Immobilien.[2])

es absolut ausgeschlossen, dass unter den Spezial- (Ressort-) Fisci Rechtsverhältnisse irgend welcher Art bestehen; nur formell, d. h. rechnungsmässig, können und müssen die einzelnen Stationen des Fiskus mit einander wie selbstständige Rechtssubjekte verkehren, um die Ordnung und Uebersichtlichkeit der Staatswirthschaft aufrecht zu erhalten, sowie auch in einer umfangreichen Privatwirthschaft die einzelnen Klassen oder Fonds rechnungsmässig wie verschiedene Personen behandelt zu werden pflegen."

[1]) Entscheidungen des Reichsgerichts in Strafsachen Bd. 27 S. 334—335.

[2]) Laband Bd. II S. 828—834.

Reichsfiskus und Landesfiskus sind also in Elsass-Lothringen nicht identisch; folglich können auch Reich und Staat in Elsass-Lothringen nicht identisch sein.

III.

Gegen die Ansicht, Elsass-Lothringen sei nur eine juristische Person des Privatrechts, sprechen ausser den im vorigen Abschnitt entwickelten allgemeinen Gründen noch folgende besondere Gründe:

Wenn Elsass-Lothringen eine juristische Person des Privatrechts ist, wie Laband behauptet, so muss diese juristische Person doch eine Grundlage (ein Substrat) haben. Welches ist nun die Grundlage der juristischen Person Elsass-Lothringen? Die Gesammtheit der Elsass-Lothringer kann es nicht sein, denn Laband erkennt ja eine elsass-lothringische Staatsangehörigkeit nicht an. Es muss also die Gesammtheit der in Elsass-Lothringen wohnenden Angehörigen des deutschen Reiches sein.

Durch welchen Rechtsakt nun sind die in Elsass-Lothringen wohnenden Angehörigen des Deutschen Reichs zu einer juristischen Einheit verbunden und mit dem Rechte der Vermögensfähigkeit ausgestattet worden?

Durch welchen Rechtsakt ferner sind die Eigenthumsrechte des französischen Staatsfiskus an den elsass-lothringischen Forsten und an der elsass-lothringischen Tabakmanufaktur auf die juristische Person Elsass-Lothringen übergegangen? Alle diejenigen, welche die Existenz eines Staates Elsass-Lothringen und damit die Existenz eines elsass-lothringischen Staatsfiskus leugnen, müssen doch annehmen, dass das Reich Eigenthümer der reichsländischen Forsten und der reichsländischen Tabakmanufaktur geworden ist, ebenso wie das Reich Eigenthümer der französischen Ostbahn geworden ist. Es müsste also doch ein Titel nachgewiesen werden, durch welchen das Reich seine Rechte an den Forsten und an der Tabakmanufaktur auf die juristische

Person Elsass-Lothringen weiter übertragen hat. Und dieser Titel müsste ein Gesetz sein, denn nach den französischen Gesetzen vom 1. Dezember 1790 und 1. Juni 1864, welche noch heute in Elsass-Lothringen gelten, dürfen die Staatsforsten im Ganzen überhaupt nicht veräussert werden[1]), ferner dürfen Staatsgrundstücke, deren Werth im Ganzen mehr als eine Million Franken beträgt, selbst theilweise und in Loosen nur auf Grund eines Gesetzes veräussert werden.

— In der Zustimmung der gesetzgebenden Faktoren des Reichs zu den Gesetzen betreffend Feststellung des Landeshaushalts-Etats für Elsass-Lothringen, welche in den Jahren 1874—1879 wiederholt erfolgt ist, kann eine Veräusserung der Forsten und der Tabakmanufaktur im Wege des Gesetzes nicht gefunden werden, denn die Verfügung über die Nutzungen einer Sache enthält noch keine Verfügung über die Substanz der Sache selbst. Auch wäre es ein höchst wunderbares Verfahren gewesen, ein Werthobjekt von vielen Millionen, wie es die elsass-lothringischen Staatsforsten sind, in der Form zu verschenken, dass die Einkünfte dieser Forsten statt in dem Reichsetat, in dem Etat des Landes Elsass-Lothringen verrechnet werden. Eine solche Schenkung ist nicht zu vermuthen; sie muss vom Gesetzgeber mit klaren und deutlichen Worten erklärt werden. Würde man aber doch eine Schenkung annehmen, so müsste nachgewiesen werden, ob, wann, von wem und in welcher Form die Schenkung acceptirt worden ist.

Bezüglich der Tabakmanufaktur existirt allerdings ein Gesetz vom 11. November 1872, welches den Reichskanzler ermächtigt, die Tabakmanufaktur nebst den Betriebseinrichtungen und Vorräthen für Rechnung der Landesverwaltung im Wege des schriftlichen Submissions-Verfahrens zu veräussern. Allein von dieser Ermächtigung ist kein Gebrauch

---

[1]) Artikel 12 des Gesetzes vom 1. Dezember 1790: „Les *grandes masses* de bois et forêts nationales demeurent exceptées de la vente et aliénation des bois nationaux permise ou ordonnée par le présent décret et autres décrets antérieurs."

gemacht worden. Das erwähnte Gesetz kommt daher für unsere Frage weiter nicht in Betracht.

Welches Statut regelt ferner die Verfassung der juristischen Person Elsass-Lothringen, die Vertretung derselben, die Rechte und Pflichten des Vorstands, die Rechte und Pflichten der Mitglieder? Bei allen diesen Fragen stehen wir vor ungelösten Räthseln.

Gegen die Ansicht von Laband spricht aber direkt folgende Erwägung: Eine juristische Person des Privatrechts kann nur Vermögensrechte haben, die auf den Regeln des Privatrechts, den Vorschriften des Civilrechts über den Erwerb und Verlust von Rechten beruhen. Eine juristische Person des öffentlichen Rechts kann auch Vermögensrechte haben, welche auf einem Titel des öffentlichen Rechts, auf den Vorschriften des Verwaltungsrechts beruhen.[1]) Der Landesfiskus von Elsass-Lothringen hat nun zweifellos das Recht, Zölle zu erheben, direkte und indirekte Steuern, Geldstrafen und Gerichtskosten einzutreiben. Alle diese Rechte sind Vermögensrechte. Sie werden aber nicht begründet durch Vorschriften des Privatrechts, sondern durch Vorschriften des öffentlichen Rechts; sie sind einseitige Verpflichtungen, welche der Staat kraft seines Hoheitsrechts den Zahlungspflichtigen auferlegt. Die Vermögensrechte des elsass-lothringischen Landesfiskus beruhen also nicht blos auf Titeln des Privatrechts, sondern auch auf Titeln des öffentlichen Rechts. Der Landesfiskus von Elsass-Lothringen kann daher nicht blos eine juristische Person des Privatrechts sein, sondern er muss eine juristische Person des öffentlichen Rechts sein.

IV.

Gegen die Ansicht, Elsass-Lothringen sei ein autonomer

---

[1]) Otto Mayer: Theorie des französischen Verwaltungsrechts. Strassburg 1886 S. 377—379, S. 390—391.

Provinzial- oder Communal-Verband sprechen ausser den im Abschnitt II entwickelten allgemeinen Gründen noch folgende besondere Gründe:

1) Wenn Elsass-Lothringen ein autonomer Provinzial- oder Communal-Verband wäre, so müsste ein Akt der Reichsgesetzgebung nachweisbar sein, durch welchen dieser Verband geschaffen ist, durch welchen dem Reichslande die Fähigkeit, öffentliche und private Rechte zu besitzen, beigelegt worden ist. Aus dem Gesetz vom 9. Juni 1871 kann die Existenz eines selbstständigen Communal-Verbandes nicht hergeleitet werden, denn in diesem Gesetz wird Elsass-Lothringen nur als Objekt, nicht als Subjekt von Hoheitsrechten erwähnt. Von einer Delegation staatlicher Rechte an einen Selbstverwaltungskörper ist in diesem Gesetz keine Rede.

2) Wenn Elsass-Lothringen ein autonomer Communal-Verband wäre, dann müssten auf diesen Communal-Verband alle diejenigen Hoheitsrechte übergegangen sein, welche sich nicht in der eigenen und unmittelbaren Verwaltung des Reiches befinden, dann müsste auch die Justizhoheit Communalhoheit geworden sein, dann müssten die elsass-lothringischen Gerichte Communal-Gerichte sein.

In Wirklichkeit sind die elsass-lothringischen Gerichte weder Communal- noch Provinzial-Gerichte, sondern Staatsgerichte.[1])

Wenn aber die Justizhoheit Staatshoheit geblieben ist, so müssen auch die übrigen Hoheitsrechte staatliche Hoheitsrechte geblieben sein, denn für die Justizhoheit gelten im Reichslande keine Ausnahme Bestimmungen.

V.

Gegen die Ansicht, Elsass-Lothringen sei ein Verwaltungsdistrikt ohne eigene Hoheits- und Vermögens-Rechte sprechen ausser den in Abschnitt II entwickelten allgemeinen Gründen noch folgende besondere Gründe:

---

[1]) § 15 des Gerichtsverfassungsgesetzes.

Wenn Elsass-Lothringen kein Staat, sondern nur ein unselbstständiger Bestandtheil eines Staates ist, so muss zu diesem Staate doch noch ein anderer, ebenfalls unselbstständiger Bestandtheil gehören und dieser andere Bestandtheil muss mit Elsass-Lothringen zusammen dieselbe Staatsform, dieselbe Staatsverfassung und dieselbe Staatsregierung haben, denn ein einheitlicher Staat kann nicht gleichzeitig zwei verschiedene Staatsformen, zwei verschiedene Staatsverfassungen und zwei verschiedene Staatsregierungen haben. Im ganzen Deutschen Reiche ausserhalb Elsass-Lothringens nun giebt es kein Fleckchen Erde, das nicht Bestandtheil einer Monarchie oder einer Republik wäre, das nicht unter einer monarchischen oder einer republikanischen Staatsverfassung, sowie unter einer monarchischen oder einer republikanischen Staatsregierung stände. Elsass-Lothringen ist weder eine Monarchie noch eine Republik; dasselbe hat weder eine monarchische, noch eine republikanische Staatsverfassung, weder eine monarchische noch eine republikanische Staatsregierung; folglich kann Elsass-Lothringen nicht ein Bestandtheil eines anderen deutschen Staates sein; folglich muss Elsass-Lothringen selbst ein Staat sein.

VI.

Gegen die Ansicht von Leoni. Elsass-Lothringen sei eine Monarchie, sprechen folgende Gründe:

1) Wenn die Rechte des Staats-Oberhaupts a b g e l e i t e t e sind, wie Leoni behauptet,[1]) so müssen die Rechte des Staates ebenfalls abgeleitete sein, denn Staat und Staats-Oberhaupt haben nicht verschiedene Rechte, sondern dieselben Rechte. Das Staats-Oberhaupt übt als Organ des Staates die dem letzteren zustehenden Hoheitsrechte aus. Ein Staat aber, dessen Hoheitsrechte abgeleitete sind, ist kein Staat mehr, sondern eine Provinz. Der Unterschied zwischen

---

[1]) Leoni: „Vefassungsrecht von Elsass-Lothringen" S. 48.

Staat und Provinz besteht gerade darin, dass die Herrschaftsrechte des Staates auf seiner eigenen Herrschermacht beruhen, während die Herrschaftsrechte der Provinz auf der Herrschermacht des Staates beruhen und von letzterem erst der Provinz übertragen worden sind. Der Staat hat originäre Herrschaftsrechte; die Provinz kann nur derivative Herrschaftsrechte haben.[1]

2) Wenn der Kaiser Landesherr von Elsass-Lothringen ist, so muss er auch Inhaber der Landeshoheit über Elsass-Lothringen sein, denn ein Landesherr ohne Landeshoheit ist nicht denkbar. Inhaber der Landeshoheit aber sind auf Grund der Friedensverträge vom 26. Februar 1871 und 10. Mai 1871 die verbündeten deutschen Staaten. Durch das Gesetz vom 9. Juni 1871 nun haben die verbündeten deutschen Staaten diese Landeshoheit nicht übertragen — weder an den Kaiser als Bundespräsidium, noch an den Kaiser als König von Preussen, noch an den Kaiser als Vertreter eines neu geschaffenen Staates Elsass-Lothringen.

Gegen eine Cession der Landeshoheit von Seiten der verbündeten deutschen Staaten spricht schon der Wortlaut des Gesetzes vom 9. Juni 1871.

§ 3 Absatz 1 des genannten Gesetzes lautet: „Die Staatsgewalt in Elsass und Lothringen übt der Kaiser aus."

Wenn man diese Worte für sich allein betrachtet — ohne Rücksicht auf die übrigen Bestimmungen desselben Paragraphen — dann kann man ja vielleicht zu der Ansicht kommen, dass eine doppelte Auslegung möglich ist, nämlich die Auslegung: „Der Kaiser ist Landesherr von Elsass-

---

[1] Laband Bd. I S. 65: „Unwandelbar feststehend und bei jedweder Abgrenzung der Zwecke und Aufgaben gleichbleibend, ist der Satz, dass der Staat das Recht hat, freien Personen mit zwingender Gewalt zu befehlen, die Gemeinde dagegen nicht. Der kleinste und unbedeutendste Staat hat diese Rechtsmacht, so gut wie der grösste; der Gemeindeverband hat sie nicht, mag er auch an Grösse und Ausdehnung für sich allein bedeutender sein als ein Dutzend von Staaten zusammengenommen. Dies ist demnach der feste Punkt zur begrifflichen Unterscheidung zwischen Staat und Gemeinde."

Lothringen" und die Auslegung: „Der Kaiser ist Stellvertreter des Landesherrn von Elsass-Lothringen". Diese doppelte Auslegung aber wird unmöglich, wenn man Absatz 1, Absatz 2 und Absatz 4 des § 3 zusammen betrachtet. Die Vergleichung dieser Gesetzesstellen ergiebt, dass die verbündeten Regierungen keineswegs die gesammte Landeshoheit dem Kaiser übertragen haben, sondern eins der wichtigsten Hoheitsrechte, das Recht der Gesetzgebung, sich vorbehalten haben. Nur für einen kurzen Zeitraum, für die Zeit vom 28. Juni 1871 bis 31. Dezember 1872 bezw. 1873, ist dem Kaiser die Befugniss, Rechtsverordnungen mit Gesetzeskraft unter Zustimmung des Bundesraths zu erlassen, delegirt worden. Für die Zeit n a c h dem 31. Dezember 1873 haben sich die verbündeten Regierungen das ausschliessliche Recht der Gesetzgebung in Elsass-Lothringen vorbehalten.

Wenn aber die verbündeten Regierungen nicht die gesammte Landeshoheit auf den Kaiser übertragen haben, so kann Elsass-Lothringen auch keine Monarchie sein, denn nach den eigenen Worten von Leoni ist es ein „Fundamentalsatz deutschen Staatsrechts", dass die g e s a m m t e Staatsgewalt in der Person des Monarchen vereinigt ist.[1])

Gegen eine Cession der Landeshoheit an den Kaiser spricht ferner die Entstehungsgeschichte des § 3 des Gesetzes vom 9. Juni 1871: § 3 der ursprünglichen Regierungsvorlage hatte folgenden Wortlaut:

„Bis zum Eintritt der Wirksamkeit der Reichsverfassung wird für Elsass und Lothringen das Recht der Gesetzgebung in seinem ganzen Umfange vom Kaiser mit Zustimmung des Bundesraths ausgeübt.

Nach Einführung der Verfassung steht bis zu anderweiter Regelung durch Reichsgesetz das Recht der Gesetzgebung auch in den der Reichsgesetzgebung in den Bundesstaaten nicht unterliegenden Angelegenheiten dem Reiche zu.

---

[1]) Leoni: „Verfassungsrecht" S. 47.

Alle anderen Rechte der Staatsgewalt übt der Kaiser aus."[1]

Die Worte „alle anderen Rechte" können in dem erwähnten Zusammenhange nur bedeuten: „alle Rechte mit Ausnahme des Rechts der Gesetzgebung."

In der Reichstagskommission wurde der Schlusssatz: „Alle anderen Rechte der Staatsgewalt übt der Kaiser aus" gestrichen und statt dessen der Satz: „Die Staatsgewalt in Elsass und Lothringen übt der Kaiser aus" an die Spitze des Paragraphen gestellt. Bei den Debatten über diese Umstellung erklärte der Präsident des Reichskanzleramts — Delbrück — in der Kommission ausdrücklich, dass er in der beantragten Umstellung keine sachliche Aenderung erblicke.[2] Dieselbe Erklärung wiederholte er auch später in der Reichstagssitzung vom 20. Mai 1871[3]. Ebenso äusserte der Württembergische Justizminister von Mittnacht in der Kommission, er habe gegen die Voranstellung des Absatz 3 nichts eingewendet, weil ausgesprochen worden sei, dass diese Umstellung den sachlichen Sinn nicht ändere.[4]

Nach diesen Erklärungen muss angenommen werden, dass die Worte: „Die Staatsgewalt in Elsass und Lothringen übt der Kaiser aus" denselben Sinn haben, den die ursprüngliche Regierungsvorlage hatte, nämlich den Sinn: „Der Kaiser übt alle Rechte der Staatsgewalt aus, mit Ausnahme des Rechts der Gesetzgebung, welches die verbündeten Regierungen sich vorbehalten haben."

Gegen eine Cession der Landeshoheit an den Kaiser sprechen endlich auch die Motive des Entwurfs. Dieselben

---

[1] Hirths Annalen des Deutschen Reiches. Jahrgang 1871. S. 847.
[2] Hirths Annalen a. a. O. S. 869
[3] Sten. Ber. S. 826: „Ich kann an dieser Stelle nur bestätigen, was ich in der Kommission zu sagen hatte: dass ich in der Umstellung der Alineas in § 3 auch heute noch und nachdem ich Zeit gehabt habe, mir diese Umstellung mit ihren Consequenzen näher zu überlegen, keine sachliche Aenderung enthalten finde."
[4] Hirths Annalen S. 874.

enthalten folgende Sätze: „Das von Frankreich abgetretene Gebiet ist nicht bestimmt, einen mit eigener Staatshoheit bekleideten selbstständigen Bundesstaat zu bilden. **Die Landeshoheit über dasselbe ruht im Reiche**" (Ziffer I) „Daraus dass das Reich als **Träger der Staatshoheit** über das Reichsland erscheint, folgt — streng genommen — dass das ganze Recht der Gesetzgebung dem Reiche zusteht, im Reiche ruht" (Ziffer V). „**Sämmtliche übrige Hoheitsrechte ausser der Gesetzgebung** werden vom Kaiser ausgeübt. Dieser Satz kennzeichnet das Verhältniss des unmittelbaren Reichslandes. Der Deutsche Kaiser als erblicher **Vertreter der Gesammtheit**, welcher die Souveränetät über das Reichsland zusteht, übt die landesherrlichen Rechte über das Reichsland aus".... „**für das Reich wird verwaltet; dem Reiche ist Verantwortung zu legen.**" Ziffer VI.)[1])

Nach den Motiven kann also von einer Cession der Landeshoheit an den Kaiser keine Rede sein.

3) Das Gesetz vom 9. Juni 1871 hat die staatsrechtliche Stellung von Elsass-Lothringen und die Verfassung desselben gar nicht in definitiver Weise regeln, sondern nur die Landesverwaltung provisorisch ordnen wollen.

§ 2 des Gesetzes vom 9. Juni 1871 enthält daher einen Vorbehalt über Aenderungen und Ergänzungen der Reichsverfassung, welche durch die Einführung dieser Verfassung in Elsass-Lothringen nothwendig werden.

§ 3 des genannten Gesetzes stellt eine anderweitige Regelung der Gesetzgebung durch Reichsgesetz nach Einführung der Reichsverfassung in Aussicht.

Ziffer II der Motive erwähnt eine künftige Vertretung Elsass-Lothringens im Bundesrath[2]); Ziffer V der Motive

---

[1]) Hirths Annalen S. 847—851.

[2]) Hirths Annalen S 849: „Es erschien als an sich richtig und zur Verhütung des Missverständnisses, als solle Elsass und Lothringen eine Vertretung im Bundesrath durch den Gesetzentwurf versagt werden, geeignet eine bezügliche Hinweisung in das Gesetz aufzunehmen.

spricht von einer späteren Provinzialvertretung im Gebiet der Administration, einer Landesvertretung mit konsultativem Votum auf dem Gebiet der Landesgesetzgebung und von einer Mitwirkung der Landesvertretung bei Ausübung der Gesetzgebung zur Wahrnehmung solcher Interessen, welche vorwiegend Lokal-Interessen der Landesangehörigen sind.[1])

In der Reichstagskommission bemerkte der Minister von Mittnacht bei Bekämpfung eines Antrags, welcher dem Kaiser die Sanktion der Landesgesetze auch nach Einführung der Reichsverfassung übertragen wollte: Warum wolle man jetzt schon die Fundamente eines neuen Staatsrechts legen, während die Reichsfaktoren provisorisch das Elsass besorgen und das Weitere der künftigen Landesgesetzgebung überlassen werden könne.[2])

In der Reichstagssitzung vom 2. Mai 1871 erklärte der Reichskanzler Fürst Bismarck: „Ich möchte Sie bitten, bei diesen Berathungen sich nicht auf den Standpunkt zu stellen, dass Sie etwas für die Ewigkeit Gültiges machen wollen, dass Sie jetzt schon sich einen festen Gedanken bilden wollen über die Gestaltung der Zukunft, wie sie nach mehreren Jahren etwa sein soll." Dahin reicht meines Erachtens keine menschliche Voraussicht. Die Verhältnisse sind abnorm; sie mussten abnorm sein — unsere ganze Aufgabe war es — und sie sind nicht nur abnorm in der Art, wie wir das Elsass gewonnen haben, sie sind auch abnorm in der Person des Gewinners. Ein Bund aus souveränen Fürsten und freien Städten bestehend, der eine Eroberung macht, die er zum Bedürfnisse seines Schutzes behalten muss, die sich also im gemeinsamen Besitze befindet, ist eine in der Geschichte sehr seltene Erscheinung und wenn wir einzelne Unternehmungen von Schweizer Kantonen abrechnen, die doch auch immer nicht die Absicht hatten, sich die gemeinsam gewonnenen Länder gleichberechtigt zu assimiliren, sondern sie als gemeinsame

---
[1]) Hirths Annalen S. 850.
[2]) Hirths Annalen S. 874.

Provinzen zum Vortheil der Eroberer zu bewirthschaften, so glaube ich kaum, dass sich in der Geschichte etwas Aehnliches findet. Ich möchte also glauben, dass gerade bei dieser abnormen Lage und abnormen Aufgabe die Mahnung, den Fernblick des scharfsichtigsten Politikers in menschlichen Dingen nicht zu überschätzen, besonders an uns herantritt. Ich wenigstens fühle mich nicht im Stande, jetzt schon mit voller Sicherheit zu sagen, wie die Situation nach drei Jahren in Elsass und Lothringen sein wird. Um das berechnen zu können, müsste man in die Zukunft sehen. Es hängt das von Faktoren ab, deren Entwickelung, deren Verhalten und guter Wille gar nicht in unserer Gewalt stehen und von uns nicht regiert werden können. Es ist das, was wir Ihnen vorlegen, eben ein **Versuch, den richtigen Anfang einer Bahn zu finden**, über deren Ende wir selbst noch der Belehrung durch die Entwickelung, durch die Erfahrungen, die wir machen werden, bedürftig sind. Und ich möchte Sie deshalb bitten, einstweilen denselben empirischen Weg gehen zu wollen, den die Regierungen gegangen sind und die Verhältnisse zu nehmen, wie sie liegen, und nicht, wie sie vielleicht wünschenswerth wären. Wenn man nichts Besseres an die Stelle zu setzen weiss für Etwas, was Einem nicht vollständig gefällt, so thut man immer, meiner Ueberzeugung nach, besser, der Schwerkraft der Ereignisse ihre Wirkung zu lassen und die Sache einstweilen so zu nehmen, wie sie liegt. Sie liegt aber so, dass die verbündeten Regierungen gemeinsam diese Länder gewonnen haben, dass ihr **gemeinsamer Besitz**, ihre **gemeinsame Verwaltung** etwas gegebenes ist, was nach unseren Bedürfnissen und nach den Bedürfnissen der Betheiligten in Elsass und Lothringen modifizirt werden kann. Aber ich möchte dringend bitten: **Sparen Sie sich**, ebenso wie es die verbündeten Regierungen machen, **das Urtheil über die Gestaltung, wie sie definitiv ein Mal werden kann, noch auf**".[1])

---

[1]) Hirths Annalen S 856—857.

Nach diesen Erklärungen des Reichskanzlers kann es keinem Zweifel unterliegen, dass das Gesetz vom 9. Juni 1871 keinen definitiven, sondern nur einen provisorischen Rechtszustand in Elsass-Lothringen geschaffen hat.

Ein provisorischer Landesherr aber, ein Landesherr auf Probe, auf Kündigung ist ein Widerspruch in sich selbst. Ein Landesherr, der *ad nutum amovibilis* ist, dem ohne seinen Willen und gegen seinen Willen alle Hoheitsrechte jeder Zeit entzogen werden können, ist kein Herrscher mehr, sondern ein unverantwortlicher Beamter, wie der Präsident einer Republik.

Demgemäss hat auch das Reichsgericht in konstanter Praxis angenommen, dass Elsass-Lothringen keine Monarchie ist und dass der Kaiser nicht Landesherr von Elsass-Lothringen ist.[1])

Der Vollständigkeit wegen sei übrigens noch bemerkt, dass wenn das Gesetz vom 9. Juni 1871 den Kaiser zum Landesherrn in Elsass-Lothringen gemacht hätte, die Zustimmung des preussischen Landtags zu diesem Gesetz hätte eingeholt werden müssen, denn nach Artikel 55 der preussischen Verfassung kann der König von Preussen ohne Zustimmung der Kammern nicht „Herrscher fremder Reiche" sein. Dass diese Zustimmung des preussischen Landtags niemals verlangt wurde, ist jedenfalls der beste Beweis dafür, dass die Reichsregierung und die preussische Staatsregierung den Kaiser niemals als Landesherrn von Elsass-Lothringen angesehen haben.

VII.

In den Abschnitten II—VI sind die vier ersten Ansichten über die staatsrechtliche Stellung von Elsass-Lothringen widerlegt worden. Es bleibt noch die fünfte Ansicht

---

[1]) Entscheidungen des Reichsgerichts in Strafsachen, Bd. 10 S. 312, Bd. 17 S. 336: „Es ist durchaus irrig, wenn die Revision von einer Cession der Souveränetät an den Kaiser ausgeht. Eine solche Rechtsnachfolge hat der § 3 des genannten Gesetzes überhaupt nicht begründet, auch nicht bezüglich der in Absatz 1 erwähnten Rechte."

übrig, dass nämlich Elsass-Lothringen ein Staat ist, dass aber Subjekt der Staatsgewalt in Elsass-Lothringen nicht der Kaiser, sondern die Gesammtheit der verbündeten, deutschen Staaten ist. Diese von Seydel und dem Verfasser des „Rechtes der Wiedergewonnenen" aufgestellte Ansicht ist die richtige; jedoch kann die Begründung, welche die genannten Autoren für ihre Ansicht geben, nicht für zutreffend erachtet werden.

Es ist daher der positive Nachweis zu erbringen, dass Elsass-Lothringen ein Staat ist und zu untersuchen, welcher speciellen Klasse von Staaten Elsass-Lothringen angehört.

Bevor die Frage erörtert werden kann, ob Elsass-Lothringen ein Staat ist, muss der Begriff des Staates klar gestellt werden.

Zu einem Staate gehören zweifellos drei Erfordernisse:
1) ein Herrschaftssubjekt — eine oder mehrere physische oder juristische Personen;
2) ein Herrschaftsobjekt — ein räumlich begrenztes Gebiet und Menschen, welche auf diesem Gebiete ansässig sind;
3) selbstständige Herrschaftsrechte, welche das Herrschaftssubjekt über das Herrschaftsobjekt besitzt.[1]

Nicht entscheidend für den Begriff des Staates ist die Art und der Umfang der Herrschaftsrechte. Für den Begriff des Staates ist kein einziges Herrschaftsrecht wesentlich; es müssen nur überhaupt Herrschaftsrechte vorhanden sein. Die Art und der Umfang der Herrschaftsrechte wechselt mit der Staatsform und mit den Aufgaben des Staates.[2] Eine wesentliche Aufgabe des theokratischen Staates ist

---
[1] Jellinek: „Gesetz und Verordnung" Freiburg 1887 S. 190: „Der Staat ist die von einem machtvollen Willen getragene herrschaftliche Organisation eines sesshaften Volkes."
Liebe: Staatsrechtliche Studien I, 37: „Ich definire den Staat als eine mit Hoheitsrechten ausgestattete, auf ein bestimmtes Gebiet basirte Gesammtheit von Menschen."
[2] Laband: Bd. I S. 65: „Die Zwecke, zu welchen die Staats-

Schutz der Priesterherrschaft und Schutz der anerkannten Staatsreligion. In einem weltlichen Staate, dessen Bewohner verschiedenen Religionsgemeinschaften angehören, können diese Aufgaben vollständig verschwinden. Eine wesentliche Aufgabe des monarchischen Staates ist Schutz der Monarchie, eine wesentliche Aufgabe des republikanischen Staates Schutz der republikanischen Staatseinrichtungen. Der Agrarstaat hat andere Aufgaben als der Industriestaat und der Handelsstaat. Das merovingische Frankenreich kannte als Staatsaufgaben nur Heergewalt und Gerichtsgewalt; der moderne europäische Kulturstaat kennt eine unendliche Fülle anderer Staatsaufgaben auf den verschiedensten Gebieten des menschlichen Gemeinlebens.

Nicht entscheidend für den Begriff des Staates ist ferner, ob das Herrschaftssubjekt die ausschliessliche Herrschaft über das Herrschaftsobjekt besitzt. Die Souveränetät ist kein wesentliches Erforderniss des Staatsbegriffs, wie heute fast allgemein anerkannt ist.[1])

Nicht entscheidend für den Begriff des Staates ist die Anerkennung eines Staates durch andere Staaten.[2]) Die Anerkennung ist lediglich Folge, nicht Grund der Existenz eines Staates.

Entscheidend sind nur folgende Punkte:

1) Die dem Herrschaftssubjekt zustehenden Rechte müssen Herrschaftsrechte sein d. h. Zwangsrechte gegenüber freien Personen.[3])

---

gewalt Verwendung findet, unterliegen einem stetigen Wechsel und sind nicht durch einen Rechtsbegriff zu bestimmen; ebenso ist die Abgrenzung zwischen den vom Staat und den von den Gemeinden und höheren Verwaltungsverbänden zu verwirklichenden Aufgaben eine wechselnde und im Rechtssinne willkürliche."

[1]) Laband Bd. I, S. 65; Jellinek: „Lehre von den Staatenverbindungen" Wien 1882 S. 36 ff.; Schulze: „Lehrbuch des Deutschen Staatsrechts" Bd. I S. 24—26.

[2]) Laband Bd. I, S. 67.

[3]) Laband I, 62: „Herrschen ist das Recht, freien Personen (und Vereinigungen von solchen) Handlungen, Unterlassungen und Leistungen

2) Diese Herrschaftsrechte müssen selbstständige sein.¹) Die Herrschaftsrechte müssen aus der eigenen Herrschermacht des Staates entspringen; sie dürfen nicht von der Herrschermacht eines fremden Staates abgeleitet sein. Der begriffliche Unterschied zwischen Staat und Provinz besteht darin, dass der Staat originäre Herrschaftsrechte besitzt, während die Provinz niemals originäre, sondern stets nur derivative Herrschaftsrechte haben kann.

VIII.

Wenden wir nun die in Abschnitt VII gefundenen Grundsätze auf Elsass-Lothringen an, so ergiebt sich Folgendes:

Elsass-Lothringen ist von Frankreich abgetreten durch den Präliminar-Friedensvertrag von Versailles vom 26. Februar 1871. Dieser Vertrag ist perfekt geworden durch den Austausch der Ratifikationen, welcher am 2. März 1871 erfolgte. Einer besonderen Besitzübertragung von Seiten Frankreichs an die verbündeten Regierungen bedurfte es nicht, da letztere schon vor dem Vertrage am 26. Februar 1871 die abgetretenen Gebietstheile in Besitz genommen hatten. In Folge dessen ist anzunehmen, dass der Vertrag vom 26. Februar 1871 am 2. März 1871 nicht blos perfekt geworden, sondern auch erfüllt worden ist.²)

zu befehlen und sie zur Befolgung derselben zu zwingen. Hierin liegt der Kernpunkt für den Gegensatz der öffentlichen Rechte und der Privatrechte. Das Privatrecht kennt eine Herrschaft nur über Sachen, zu denen, wie kaum hervorgehoben zu werden braucht, auch die Sklaven gehören: freien Personen gegenüber kennt es nur Forderungen, welche kein Zwangsrecht gegen den Schuldner enthalten und die nicht die Rechtsmacht in sich schliessen, ihm etwas zu befehlen. In obligatorischen Verhältnissen sind Gläubiger und Schuldner einander gleich geordnet, der Gläubiger hat keine Macht über den Schuldner; das Wesen des Hoheitsrechtes besteht dagegen in der rechtlichen Macht der Obrigkeit über den Unterthan, in der rechtlich anerkannten Gewalt über ihn, kraft deren derselbe gezwungen wird, dem an ihn ergangenen Befehl zu gehorchen."

¹) Laband Bd. I, 60: Jellinek: „Gesetz und Verordnung", S 190.

²) Löning: Die Verwaltung des General-Gouvernements

Die abgetretenen Gebietstheile sind dem Deutschen Reiche einverleibt worden durch Gesetz vom 9. Juni 1871. Dieses Gesetz ist im Reichsgesetzblatt verkündet worden am 14. Juni 1871.¹) Das Gesetz ist also in Kraft getreten am 28. Juni 1871.²)

Zwischen der Abtretung von Elsass-Lothringen durch Frankreich und der Einverleibung von Elsass-Lothringen in das Deutsche Reich liegt demnach ein Zeitraum von nahezu vier Monaten.

Welches ist nun die staatsrechtliche Stellung von Elsass-Lothringen während dieser vier Monate — vom 2. März 1871 bis 28. Juni 1871 — gewesen?

Ein herrenloses Land war Elsass-Lothringen in dieser Zeit jedenfalls nicht, denn es hatte nicht blos einen Herren, sondern 25. Das Herrschaftssubjekt in Elsass-Lothringen waren die 25 verbündeten deutschen Staaten.

Elsass-Lothringen war ferner in der Zeit vom 2. März bis 28. Juni 1871 ein räumlich begrenztes, von Menschen bewohntes Gebiet. Die Grenzen dieses Gebiets waren ja in Artikel I der beiden Friedensverträge vom 26. Februar und 10. Mai 1871 genau bezeichnet worden.

Endlich besassen die verbündeten Regierungen in der

---

im Elsass, Strassburg 1874 Seite 181: „Durch den Präliminar-Friedensvertrag von Versailles vom 26. Februar 1871 wurde Elsass-Lothringen an das Deutsche Reich abgetreten. Mit dem Tage des Austauschs der Ratifikationen des Vertrags, mit dem 2. März 1871, trat das Deutsche Reich mit vollem Souveränetätsrecht in den Besitz dieser Gebiete. Sowohl von Seiten der französischen wie der deutschen Regierung wurde anerkannt, dass durch den Präliminar-Vertrag schon die völkerrechtliche Abtretung von Elsass-Lothringen vollendet war und dass vom 2. März 1871 an die Staatsgewalt in ihrem ganzen Umfang auf das Deutsche Reich übergegangen ist. Das Urtheil des Cassationshofs zu Paris vom 12. August 1871, das von der Ansicht ausgehe, dass erst mit dem 20. Mai 1871, dem Tage der Ratifikation des eigentlichen Friedensvertrages, die Trennung Elsass-Lothringens von Frankreich erfolgt sei, beruht auf einem unzweifelhaften Irrthum."

¹) Reichsgesetzblatt Nr. 25 S. 212.
²) Laband I, 719.

Zeit vom 2. März bis 28. Juni 1871 in Elsass-Lothringen selbstständige Herrschaftsrechte, denn sie hatten ja die volle Souveränetät über Elsass-Lothringen, die ihnen durch die beiden Friedensverträge von Frankreich abgetreten war. Es ist vollständig irrig, wenn in einer Entscheidung des Reichsgerichts vom 26. April 1888 behauptet wird, Elsass-Lothringen sei erst durch das Gesetz vom 9. Juni 1871 als „ein kommunales Ganzes zusammengefügt" worden;[1]) zwischen den einzelnen Theilen des heutigen Reichslands Elsass-Lothringen bestand schon vor der Abtretung von Frankreich ein staatlicher Zusammenhang. Durch die Abtretung ist lediglich der staatliche Zusammenhang mit dem heutigen Frankreich zerrissen worden, nicht aber der staatliche Zusammenhang zwischen den einzelnen Theilen des heutigen Reichslandes. Durch die Trennung von Frankreich ist ferner lediglich das bisherige Staatsoberhaupt und die verfassungsmässige Beschränkung des bisherigen Staatsoberhauptes hinweggefallen. Die ganze übrige Rechtsordnung ist bestehen geblieben, nicht blos das ganze Civilrecht, sondern auch das ganze öffentliche Recht mit Ausschluss des Verfassungsrechts.

In der Zeit vom 2. März bis 28. Juni 1871 sind endlich auch Gesetze in Elsass-Lothringen erlassen worden, nämlich die Verordnungen des Generalgouverneurs vom 13. März 1871, 20. März 1871 und 21. April 1871, durch welche die Artikel 162 des code de commerce und Artikel 69 des code de procédure civile abgeändert wurden.[2]) Wo aber ein Gesetz ist, da muss auch ein Gesetzgeber sein und wo ein Gesetzgeber ist, da muss auch ein Staat sein, denn nur der Staat hat das Recht — wie früher ausgeführt wurde — freien Personen mit zwingender Gewalt zu befehlen. Aus dem völkerrechtlichen Titel der Occupation können diese

---

[1]) Entscheidungen des Reichsgerichts in Strafsachen, Bd. 17 S. 335.

[2]) Sammlungen von Gesetzen, Verordnungen, Erlassen und Verfügungen betreffend die Justizverwaltung in Elsass-Lothringen. Band I S. 23—24.

Akte der Gesetzgebung nicht hergeleitet werden, denn durch den Präliminar-Frieden vom 2. März 1871 ist die thatsächliche Besetzung des Landes in eine rechtliche Beherrschung desselben umgewandelt worden. Der Rechtstitel der Beherrschung war nicht mehr das Kriegsrecht, sondern die vertragsmässige Uebertragung der Staatsgewalt.[1])

Elsass-Lothringen hat also in der Zeit vom 2. März 1871 bis 28. Juni 1871 alle Erfordernisse eines Staates besessen, nämlich ein Herrschaftssubjekt, die 25 verbündeten deutschen Staaten, ein Herrschaftsobjekt, das Reichsland in der durch die Friedensverträge bestimmten Begrenzung, selbstständige Herrschaftsrechte, die von Frankreich an die verbündeten Regierungen cedirte souveräne Staatsgewalt.

Die staatsrechtliche Stellung von Elsass-Lothringen in der Zeit vom 2. März bis 28. Juni 1871 ist vollkommen gleichartig mit der Stellung der Herzogthümer Schleswig-Holstein in der Zeit vom Wiener Frieden (30. Oktober 1864) bis zum Prager Frieden (23. August 1866). In dieser Zeit waren die Elbherzogthümer weder ein Bestandtheil des dänischen Staates noch ein Bestandtheil des preussischen oder österreichischen Staates; sie bildeten ein souveränes Herzogthum unter der gemeinschaftlichen Herrschaft des Königs von Preussen und des Kaisers von Oesterreich.

Dass der im Reichslande vom 2. März 1871 bis 28. Juni 1871 bestehender Rechtszustand nur ein provisorischer war, ist kein Grund, die Existenz eines besonderen Staates Elsass-Lothringen während dieser Zeit zu leugnen. Auch durch das Gesetz vom 9. Juni 1871 und durch die Einführung der Reichsverfassung in Elsass-Lothringen sind keine definitiven Rechtszustände geschaffen worden und sollten auch keine definitiven Rechtszustände geschaffen werden.[1]) Das Provisorium in Elsass-Lothringen hat also nicht blos Monate, sondern Jahre lang gedauert. Die ganze Zeit vor dem

---

[1]) Laband I, 719; Löning: Verwaltung des General-Gouvernements im Elsass. S. 183.

[1]) Ziffer V der Motive zum Gesetz vom 9. Juni 1871.

1. Oktober 1879 muss als ein Provisorium bezeichnet werden und auch heute ist der Entwickelungs-Prozess der staatsrechtlichen Institutionen des Reichslandes noch nicht abgeschlossen. Der Rechtszustand in den Elbherzogthümern vom 30. Oktober 1864 bis 23. August 1866 war ebenfalls ein Provisorium, das kein Mensch für definitiv gehalten hat; gleichwohl wird Niemand die staatliche Existenz eines Herzogthums Schleswig-Holstein während dieser Zeit bestreiten wollen.

Als Resultat dieser Ausführungen ergiebt sich also:
1) Elsass-Lothringen war in der Zeit vom 2. März 1871 bis 28. Juni 1871 ein Staat, denn die drei Erfordernisse eines jeden Staates — Herrschaftssubjekt, Herrschaftsobjekt, selbstständige Herrschaftsrechte — waren vorhanden.
2) Elsass-Lothringen war in der Zeit vom 2. März 1871 bis 28. Juni 1871 ein souveräner Staat, denn das Herrschaftssubjekt — die verbündeten deutschen Staaten — hatten auf Grund der Friedensverträge die Souveränetät über Elsass-Lothringen erworben.
3) Elsass-Lothringen war vom 2. März bis 28. Juni 1871 ein absoluter Staat, denn die verbündeten Regierungen waren durch keine konstitutionelle oder parlamentarische Verfassung in der Ausübung ihrer Herrschaftsrechte beschränkt.

IX.

Es entsteht nunmehr die Frage, welche Wirkungen hat der Eintritt von Elsass-Lothringen in das Deutsche Reich gehabt.

Bei Beantwortung dieser Frage ist davon auszugehen, dass das Deutsche Reich kein Einheitsstaat, sondern ein zusammengesetzter Staat ist.

Zwischen einem Einheitsstaat und einem zusammengesetzten Staat bestehen folgende Unterschiede:

Im Einheitsstaat sind Land und Leute unmittelbar der Staatsgewalt unterworfen; im zusammengesetzten Staat sind Land und Leute zunächst einer Unter-Staatsgewalt unterworfen und die Unterstaaten wieder einer Ober-Staatsgewalt.[1]

---
[1] Laband, Bd. I S. 53.

Im Einheitsstaat kann es nur eine einzige Staatsgewalt geben; im zusammengesetzten Staat muss es begrifflich mehrere Staatsgewalten geben, nämlich die Staatsgewalt des Oberstaats und die Staatsgewalt des Unterstaats. Im Einheitsstaat kann es nur eine Staatsform geben. Es ist ein Ding der Unmöglichkeit, dass ein Staat zugleich Monarchie und Republik ist; der eine Begriff schliesst den anderen aus. Im zusammengesetzten Staat muss es mehrere Staatsformen geben und zwar können diese mehreren Staatsformen verschieden sein. Die Staatsform des Unterstaates kann die Republik, die Staatsform des Oberstaates kann die Monarchie sein und umgekehrt. Im Einheitsstaat kann es nur eine Staatsverfassung geben; kein Staat kann zugleich eine absolute und eine konstitutionelle Monarchie sein. Im zusammengesetzten Staate muss es mehrere Staatsverfassungen geben, denn die Staatsverfassung ist ja nur ein Theil der Staatsordnung. Staatsordnung und Staat aber sind identisch. Die Staatsordnung heisst Staat im objektiven Sinne.[1])

Im Einheitsstaate kann es für die Rechte der Staatsgewalt, für Erwerb und Verlust der Staatsgewalt (Thronfolge etc.), für Art und Umfang ihrer Rechte nur einen Rechtstitel geben, nämlich die Verfassung des Einheitsstaats. Im zusammengesetzten Staat muss es für die Rechte der verschiedenen Staatsgewalten verschiedene Rechtstitel geben, nämlich die Verfassung des Unterstaates und die Verfassung des Oberstaates.

Wenn nun in zwei Unterstaaten dieselbe Person die Staatsgewalt erwirbt, so bleibt die Selbstständigkeit der Unterstaaten bestehen. Denn dieselbe Person übt in den

---

[1]) Jellinek: „Die Lehre von den Staatenverbindungen" S. 266: „Staat und Verfassung sind unabtrennbar von einander gegeben, und die erste Verfassung eines Staates ist bereits mit seinem Dasein als solcher gesetzt, ja sie ist die logische Voraussetzung des Staates selbst. Denn ein Staat, der vor seinen Organen existirt, ist eine unvollziehbare Vorstellung. Das wesentlichste Moment im Begriff des Staates ist, dass er Ordnung ist und eine Ordnung vor der Ordnung ist ein Widerspruch in sich selbst."

beiden Unterstaaten verschiedene Rechte auf Grund verschiedener Rechtstitel aus. Wenn heute der Grossherzog von Sachsen-Weimar kraft Erbrechts König von Sachsen würde, so würde er in Sachsen auf Grund der sächsischen Staatsverfassung, in Sachsen-Weimar auf Grund der Verfassung von Sachsen-Weimar regieren. Die Selbstständigkeit der beiden Bundesstaaten würde hierdurch nicht beseitigt. Dieselben Grundsätze müssen auch für den Fall gelten, dass dieselbe Person die Staatsgewalt im Oberstaate und die Staatsgewalt im Unterstaate erwirbt. Das römische Reich deutscher Nation war ein zusammengesetzter Staat, und zwar ein monarchischer Staat, eine Wahlmonarchie. Die Unterstaatsgewalt hatten die Territorial-Herrschaften; die Oberstaatsgewalt hatte der Kaiser.[1]) Als nun der Kurfürst Karl Albrecht von Bayern 1742 unter dem Namen Karl VII. römischer Kaiser wurde, hat das Kurfürstenthum Bayern zweifellos seine Selbstständigkeit als Staat nicht verloren. Ebenso wenig haben die zum Römischen Reiche deutscher Nation gehörigen österreichischen Staaten ihre Selbstständigkeit als Staaten dadurch verloren, dass das Haus Habsburg-Lothringen Jahrhunderte lang die Kaiserwürde bekleidete.

In Elsass-Lothringen nun besitzen die verbündeten Regierungen die Landes-Staatsgewalt auf Grund des Vertrages vom 26. Februar 1871; die Reichsgewalt besitzen sie auf Grund der Reichsverfassung. Der Rechtstitel für die Landes-Staatsgewalt ist also älter als die Vereinigung des Landes mit dem Deutschen Reiche. Der Rechtstitel für die Reichsgewalt ist jünger als die Vereinigung des Landes mit dem Deutschen Reiche, denn die Reichsverfassung ist in Elsass-Lothringen erst am 1. Januar 1874 eingeführt worden. Hieraus folgt: die Vereinigung des Landes mit dem Deutschen Reiche hat die bestehende Landes-Staatsgewalt nicht beseitigt. Die Vereinigung des Landes mit dem Deutschen Reiche hat

---

[1]) Schulze, Lehrbuch des deutschen Staatsrechts Bd. I S. 50—52.

lediglich die Wirkung gehabt, dass die Souveränetät von der Landesstaatsgewalt auf die Reichsgewalt übergegangen ist. Im Uebrigen ist die Landesstaatsgewalt bestehen geblieben. Die Einführung der Reichsverfassung in Elsass-Lothringen hat lediglich die Wirkung gehabt, dass die zur Competenz des Reiches gehörigen Rechte nunmehr auf Grund der Reichsverfassung, die nicht zur Competenz des Reiches gehörigen Rechte nach wie vor auf Grund des Versailler Vertrages vom 26. Februar 1871 ausgeübt werden.

Ganz klar und deutlich werden die Wirkungen, welche der Eintritt von Elsass-Lothringen in das Deutsche Reich gehabt hat, wenn man sich vorstellt, Elsass-Lothringen sei im Friedensvertrage nicht an die Gesammtheit der verbündeten Staaten, sondern an Preussen und Bayern allein abgetreten worden. In diesem Falle würde der Eintritt von Elsass-Lothringen in das Deutsche Reich den Uebergang der Souveränetät über Elsass-Lothringen von Preussen und Bayern auf das Reich bewirkt haben; die Landes-Staatsgewalt über Elsass-Lothringen aber würde bei Preussen und Bayern geblieben sein. Der Umstand, dass nicht 2, sondern 25 Staaten an der Landes-Staatsgewalt betheiligt sind, kann dieses Verhältniss nicht ändern, da, wie früher ausgeführt wurde, die Identität des Herrschaftssubjekts allein noch nicht die Vereinigung zweier Staaten zu einem Einheitsstaate bewirkt.

X.

In den Abschnitten VIII und IX ist nachgewiesen worden, dass Elsass-Lothringen schon vor dem Gesetz vom 9. Juni 1871 ein Staat gewesen ist und seinen Charakter als Staat durch den Eintritt in den Verband des Deutschen Reiches nicht verloren hat. Es ist nunmehr zu untersuchen, welcher speciellen Klasse von Staaten Elsass-Lothringen angehört.

Elsass-Lothringen ist ein Unterstaat in einem zusammengesetzten Staate. Die Wissenschaft unterscheidet zwei verschiedene Klassen von zusammengesetzten Staaten: Bundesstaaten, in welchen die einzelnen Unterstaaten Antheil an der Ober-Staatsgewalt haben, und Staaten Staaten, in welchen die einzelnen Unterstaaten keinen Antheil an der Ober-Staatsgewalt haben.[1]) Die Unterstaaten heissen im Bundesstaat Gliedstaaten, im Staaten-Staat Vasallenstaaten.[2]) Das Deutsche Reich nun ist eine Mischform zwischen Bundesstaat und Staaten-Staat. Die Reichsgewalt steht nicht einem einzigen der Unterstaaten zu, sie steht auch nicht der Gesammtheit der Unterstaaten zu; sie steht vielmehr nur einem Theil der Unterstaaten zu, nämlich den in Artikel I der Reichsverfassung aufgezählten 25 Gliedstaaten. Der Staat Elsass-Lothringen hat an der Reichsgewalt keinen Antheil, in Folge dessen auch kein Stimmrecht im Bundesrath. Das Wahlrecht der Elsass-Lothringer zum Reichstage enthält keinen Antheil an der Reichsgewalt, sondern nur einen Antheil an der konstitutionellen Beschränkung der Reichsgewalt.

Im deutschen Reiche sind also beide Klassen von Unter-

---

[1]) Jellinek: Lehre von den Staatenverbindungen S. 137 ff. — Das römische Reich deutscher Nation war ein Staaten-Staat. Vgl. Jellinek a. a. O. S. 142, Georg Meyer, Lehrbuch des deutschen Staatsrechts S. 50; Schulze: Lehrbuch des deutschen Staatsrechts I, 51.

[2]) Jellinek: Gesetz und Verordnung: „Ist der nichtsouveräne Staat zugleich ein nothwendiges, in irgend einer Weise an der Herrschaft des souveränen theilnehmendes Glied, so ist er ein Gliedstaat; wird er hingegen auf den dem souveränen Staat vorbehaltenen Gebieten nur beherrscht, ohne irgendwie an der Herrschaft theilzunehmen, so ist er ein Vasallenstaat. Gliedstaat im Bundesstaat und Vasallenstaat sind die beiden Arten des nichtsouveränen Staats in der heutigen Staatenwelt."
Stöber im „Archiv für öffentliches Recht" Bd. I S. 646: „Der Bundesstaat ist die Vereinigung gleichberechtigter Staaten, zu gleichem Vortheile und unter gleichen Lasten für sämmtliche Gliedstaaten. Der dem Vasallenstaat übergeordnete Gesammtstaat ist dagegen eine Vereinigung ungleich berechtigter Staaten, von welchen der oder die einen (Vasallenstaaten) den (bzw. einem der) anderen gegenüber (Suzeränstaat) in einem dienenden Verhältniss sich befindet. Dort also Gleichordnungsverhältniss, hier Unterordnungsverhältniss zwischen den einzelnen Gliedstaaten unter einander."

staaten vertreten. Gliedstaaten des Reichs sind die in der Reichsverfassung genannten 25 Bundesglieder, Vasallenstaat des Reichs ist der Staat Elsass-Lothringen.

Dieser Vasallenstaat Elsass-Lothringen aber besitzt eine Eigenthümlichkeit, durch welche er sich von allen übrigen Vasallenstaaten der Welt unterscheidet. Das Herrschaftssubjekt im Vasallenstaate Elsass-Lothringen ist nämlich dasselbe wie im Reiche. Diese Identität des Herrschaftssubjekts im Oberstaate und im Unterstaate aber ist keine nothwendige, da jeder Gliedstaat auf seinen Antheil an der Landes-Staatsgewalt von Elsass-Lothringen verzichten kann, ohne seinen Antheil an der Reichsgewalt zu verlieren.

Elsass-Lothringen ist also ein Vasallenstaat des Deutschen Reiches, dessen Herrscher in Folge von Personal-Union auch Herrscher des Deutschen Reiches ist.

XI.

Es bleiben noch einige Einwände zu widerlegen, welche gegen die hier vertretene Theorie erhoben werden können:

1) Aus den Motiven zum Gesetz vom 9. Juni 1871 und aus den Reichstags-Verhandlungen bei Berathung dieses Gesetzes könnte gefolgert werden und ist gefolgert worden, dass Elsass-Lothringen kein Staat sei.

In den Motiven ist indessen lediglich gesagt, dass Elsass-Lothringen nicht bestimmt ist, „einen mit eigener Staatshoheit bekleideten selbstständigen Bundesstaat" zu bilden.[1]) Der Umstand, dass die species „Bundesstaat" geleugnet wird, beweist aber nicht, dass auch das genus „Staat" geleugnet wird. Ausserdem enthalten die Motive ja keine authenthische Interpretation des Gesetzestextes, sondern lediglich die subjektive Ansicht der Regierungen oder einzelner Regierungskommissare über den Gesetz-Entwurf.

Was die Reichstags-Verhandlungen betrifft, so muss zugestanden werden, dass bei denselben mehrfach die Ansicht ausgesprochen ist, das neu geschaffene Reichsland Elsass-

---

1) Motive Ziffer I (Hirths Annalen S. 848).

Lothringen sei kein Staat.¹) Es muss auch zugegeben werden, dass diese Ansicht nicht blos von einzelnen Abgeordneten, sondern auch von den Regierungsvertretern geäussert worden ist. Der Reichskanzler Fürst Bismarck hat in der Reichstagskommission ausdrücklich erklärt, den Gedanken, aus Elsass-Lothringen ein staatliches Gebilde zu schaffen, habe er nicht, da er überhaupt noch nicht wisse, was die Bevölkerung wolle, daher habe er nach jeder Richtung freie Hand gelassen, rechtlich existirten in den neuen Landen vorerst nur die drei Departements. **Der Begriff eines Reichslandes sei mit dem eines selbstständigen Staatswesens nicht kongruent**.²)

Diesen Aeusserungen von Abgeordneten und Regierungsvertretern könnte indessen nur dann entscheidende Bedeutung beigelegt werden, wenn die gesetzgebenden Faktoren des Reiches in klarer, zielbewusster Weise dem Reichslande alle staatlichen Hoheitsrechte entziehen oder vorenthalten wollten und wenn diese bewusste Absicht des Gesetzgebers in dem Gesetz selbst zum Ausdruck gekommen wäre. Eine klare und bewusste Absicht der gesetzgebenden Faktoren, dem Reichslande alle staatlichen Hoheitsrechte zu entziehen, hat aber nicht bestanden. Vielmehr ist mehrfach ausgesprochen worden, dass man sich über den juristischen Begriff des neu geschaffenen Reichslandes nicht klar sei, dass man auch diesen juristischen Begriff durch das Gesetz vom 9. Juni 1871 nicht näher feststellen, vielmehr die Feststellung der juristischen Natur des Reichslandes der Zukunft überlassen wolle. Von einzelnen Rednern ist sogar direkt behauptet worden, dass Elsass-Lothringen bereits ein Staat sei.

Der Abgeordnete Wagener erklärte: „Wir sollen Elsass-

---

¹) Vgl. Rede des Abg. von Treitschke in der Reichstagssitzung vom 20. Mai 1871 Sten. Ber. S. 816: „Zu den unerfüllbaren Wünschen, die sich im Elsass regen, rechne ich zum ersten den unter den Notabeln geäusserten Wunsch, es solle die Provinz Elsass und Lothringen zu einem Staate umgewandelt werden.
²) Hirths Annalen S. 942—943.

Lothringen mit uns als Reichsland verbinden. Was ist ein Reichsland? Darüber suchen wir bis jetzt vergeblich eine Definition, und mir scheint es, bevor wir uns nicht wenigstens so weit klar gemacht haben, dass wir selbst wissen, was ein Reichsland ist und was ein Reichsland sein soll, so werden wir auch vergeblich danach suchen, wie wir die Staatsgewalt eines Reichslandes konstruiren sollen. Nun, meine Herren, ich gebe zu, weil man bis dahin so wenig informirt ist, dass es kaum gelingen wird, heute schon eine positive Definition von dem zu geben, was man unter Reichsland zu verstehen hat, aber ich glaube, eine negative Definition nach zwei Seiten hin liegt vollkommen auf der Hand: die Staatsgewalt eines Reichslandes kann nicht identisch sein mit der Staatsgewalt eines Landesfürsten, noch mit der Staatsgewalt des Reiches im Reiche; denn es bleiben der Staatsgewalt in einem Reichslande ganz bestimmte Aufgaben und Kompetenzen, die in der Kompetenz der Staatsgewalt im Reiche nicht begriffen sind."[1])

Der Abgeordnete Windthorst führte aus: „Man will ein Reichsland bilden und fragt nach dem Begriff. Ich habe genau dieselbe Frage, die der Abgeordnete Wagener gemacht hat, in der Kommission gestellt. Keiner hat mir eine Antwort gegeben. Der Bericht sagt, dass von einer Seite das Reichsland als eine undefinirbare und undefinirte Grösse bezeichnet sei. Ich halte diese Bemerkung auch heute noch aufrecht und habe mich überzeugt, dass es sehr bedauerlich ist, dass man darüber eine Klarheit nicht gewonnen hat, weil dann gewisse Missverständnisse, die schon jetzt da sind, vermieden wären und viele Missverständnisse, die in der Folge sicher noch kommen werden, nicht entstehen könnten. Der Abgeordnete Treitschke hat bei der Staatsbildung, die hier in Frage, sehr scharf gewarnt, partikulare Institutionen, einen besonderen Staat, zu schaffen. Er hat gesagt, es sei vor Allem den Elsässern zu sagen: einen besonderen Staat bekommt Ihr nicht. Der Herr Abgeordnete Treitschke hat

[1]) Reichstagsverhandlungen vom 20. Mai 1871. Sten. Ber. S. 819.

keine Definition gegeben davon, was er einen besonderen Staat nennt; **ich meines Theils muss gestehen, dass ich in der Regierungsvorlage wie auch in den Kommissionsbeschlüssen nichts Anderes finde, als die Bildung eines besonderen Staates.** Die Souveränetät liegt beim Kaiser und Bundesrath, liegt beim Reich; die betreffenden Landestheile sollen, **gesondert** von allen übrigen Staaten Deutschlands, als ein **Ganzes** regiert werden, daraus folgt, dass dort die Verwaltung, die Justiz, das Budget **getrennt** von denen anderer Staaten sein müssen. Es wird sogar die Frage der Armee-Organisation noch scharf ins Auge zu fassen sein. Ich habe in dieser Beziehung in der Kommission von den Herren des Bundesraths Aufklärung mir zu verschaffen gesucht, indessen ich habe diese Aufklärung nicht in der Vollständigkeit gewinnen können, wie ich glaube, dass es wünschenswerth gewesen wäre. Ein solches Staatswesen ist aber ein besonderer Staat, wenn allerdings ein eigengearteter Staat, ein Staat, wie wir ihn bis jetzt in Deutschland nicht — ich glaube in der Welt nicht — kennen. Ich glaube, die einzige, verständige Lösung der Frage, die hier vorliegt, läge in der Alternative: entweder klar und ouvert und bestimmt einen einzelnen Staat, einen besonderen Staat zu gründen, oder aber das hier fragliche Territorium mit einem anderen Staate zu vereinigen. Dann wäre Klarheit in den Verhältnissen, dann wäre die Frage der monarchischen Spitze, dann wäre die Frage der inneren Verfassung des Landes, dann wäre insbesondere die Bundesverfassung intakt." [1])

Der Abgeordnete Lasker äusserte: „Ich erinnere daran, was der Herr Bundeskanzler zur Befürwortung des Gesetzentwurfes in der ersten Lesung gesagt hat. Er, der Staatsmann, der am ehesten die Absichten für die Zukunft kennen sollte, hat von sich bekannt, ein klares Bild dessen, was

---

[1]) Sten. Ber S. 821—822.

eigentlich das Reichsland in Elsass und Lothringen sei und wie es staatsrechtlich funktioniren solle, habe er noch nicht gewonnen. Der Reichstag braucht sich nicht zu scheuen, auch zuzugestehen, dass seine Mehrheit dieses klare Bild heute noch nicht gewinnen kann. Eine Gefahr sehe ich in dem vorsichtigen Zuwarten nicht".[1])

Der Abgeordnete Dr. Lamey, welcher als Berichterstatter der Reichstags-Kommission besonders kompetent erscheint, sprach sich folgender Massen aus: „Es ist dem Bericht vorgeworfen worden, dass er keine klare Vorstellung über das, was Reichsland ist, giebt. Ich kann mich zunächst auf die Worte des Herrn Präsidenten des Bundeskanzler-Amtes berufen, wonach die Bundesregierungen bei Vorlegung des Gesetzes überhaupt noch nicht recht gewusst haben, wie die Sache weiter gehen soll, und es wird also auch dem Bericht gestattet sein, dass er über das, was Reichsland ist, keine genügende Auskunft gegeben hat....... Es wird die Reichsverfassung auch noch das Reichsland Elsass und Lothringen ertragen können und dasselbe wird seiner Zeit seine konkrete Gestalt annehmen. Uebrigens ist der Entwurf nicht ein Mal so beschaffen, dass man so ganz dunkel darüber ist." [2])

Der Abgeordnete Duncker erklärte den Streit, ob man durch die Organisation des Reichslandes einen neuen Staat oder eine neue Provinz schaffe, für eine beinahe müssigen. „Wenn die Elsässer in ihren Forderungen, die sie in der Versammlung zu Strassburg aufgestellt haben, in der Vorlage von der „Provinz" Elsass-Lothringen gesprochen, nachher in der Diskussion aber das Wort Provinz in „Staat" verwandelt haben, so ist mir das begreiflich von dem Selbstgefühl jener Männer aus, aber für die sachliche Prüfung in unseren Debatten ist die Frage, glaube ich, wirklich eine gleichgültige. Denn meine Herren, der Unterschied zwischen

---
[1] Sten. Ber. S. 828—829.
[2] Sten. Ber. S. 833.

Staat, Provinz oder Bundesland in unseren Reichsverhältnissen ist wahrlich nicht ein sehr erheblicher. Wir nennen — aus einer gewissen Courtoisie möchte ich sagen — die einzelnen Bundesstaaten noch Staaten, obschon sie doch Glieder eines grösseren Ganzen sind und auf sehr wichtige Hoheitsrechte zu Gunsten dieses Ganzen verzichtet haben. Ein souveräner Staat ist eigentlich nicht zu denken, ohne die Ausübung des wichtigsten Hoheitsrechtes über die Militär-Angelegenheiten und ohne die wichtigste Entscheidung über Krieg und Frieden und, meine Herren, auf diese wesentliche Attribut der Staatshoheit haben die sämmtlichen Staaten verzichtet und selbst der Staat Preussen, der heut zu Tage nicht im Stande ist, für sich Krieg zu erklären, ist in gewissem Sinne mediatisirt und nicht mehr als selbstständiger und souveräner Staat zu bezeichnen. Ich glaube also in der That, dass diese Streitfrage eine müssige ist, da kaum irgend Jemand, der von einer selbstständigen Herstellung eines Staates Elsass-Lothringen im Reichsverbande spricht, daran denken wird, ein Mal diesem Staate eine selbstständige Dynastie zu geben, noch viel weniger, ihm die selbstständige Entscheidung über Krieg und Frieden oder gar die selbstständige Verfügung über seine Heeresmacht einzuräumen." [1])

Bei der späteren Berathung kam der Berichterstatter Lamey nochmals auf die von ihm bereits früher zugegebenen Unklarheit des Begriffes: „Reichsland" zurück und bemerkte: „Das Reichsland und sein Begriff hat gerade durch das, was der Herr Reichskanzler davon gesagt hat, nicht an Klarheit gewonnen. Wir wissen danach noch keineswegs, ob ein einheitliches Land geschaffen werden soll, ob eine Zweitheilung stattfinden soll oder ob die Eintheilung in drei Departements längere Zeit bleiben wird. . . . . In welcher Weise das gleiche Recht mit dem übrigen Deutschland seiner Zeit vermittelt werden wird, ob ein Partikularstaat aus

---

[1]) Reichstagsverhandlungen vom 22. Mai 1871, Sten. Ber. S. 838.

Elsass-Lothringen gemacht werden soll, oder ob eine andere Einrichtung mit ihnen getroffen werden kann, die dem Reichslande einen Charakter giebt, der ihm zwar partikulare Berechtigungen lässt, aber seine unmittelbare Verbindung mit dem Reiche dennoch mehr als bei andern Ländern erhält, das kann man dahin gestellt sein lassen." [1])

Der Reichskanzler Fürst Bismarck entgegnete hierauf: „Der Herr Referent hat Klarheiten vermisst, die ich noch in die Lage der Dinge bringen könnte. Ich glaube, was er dabei vermisst, ist nur diejenige Erklärung, die, wenn wir überhaupt im Stande wären, sie zu geben, die ganze Vorlage unnöthig gemacht hatte. Wenn wir selbst so vollständig im Klaren wären, über das, was zu thun ist, so hätten wir Ihnen kein Provisorium, sondern gleich ein Definitivum vorlegen können. Die Schuld des Mangels an Klarheit trifft mich daher nicht." [2])

Nach diesen Erklärungen des Vertreters der Reichsregierung, des Berichterstatters des Reichstags sowie anderer Reichstagsmitglieder wird Niemand behaupten können, es sei die klare und bewusste Absicht des Gesetzgebers gewesen, Elsass-Lothringen als einen Verwaltungs-Distrikt ohne staatliche Hoheitsrechte zu organisiren. Noch viel weniger kann behauptet werden, es sei diese Absicht des Gesetzgebers in dem Gesetz vom 9. Juni 1871 zum Ausdruck gekommen.

Aus den Motiven zum Gesetz vom 9. Juni 1871 und aus den dieses Gesetz betreffenden Reichstags-Verhandlungen kann also für die Frage, ob Elsass-Lothringen ein Staat sei oder nicht, kein entscheidendes Argument entnommen werden.

2) Es könnte ferner behauptet werden, nach § 3 Absatz 3 des Gesetzes vom 9. Juni 1871 und § 2 des Gesetzes vom 2. Mai 1877 stehe dem Reiche ein unbeschränktes Gesetzgebungs-Recht im Reichslande zu; das Land Elsass-Lothringen habe daher alle seine Hoheitsrechte nur precario,

---

[1]) Reichstagsverhandlungen vom 3. Juni 1871. Sten. Ber. S. 1014.
[2]) Sten. Ber. S. 1014.

nicht von Rechts wegen, sondern von Reiches Gnaden, in Folge stillschweigender Duldung von Seiten des Reiches; ein Land aber, dem seine Rechte jeden Augenblick willkürlich entzogen werden können, sei kein selbstständiger Staat mehr, sondern eine Provinz.

Bei Prüfung dieses Einwands ist davon auszugehen, dass das Reich nach Artikel 4 der Reichsverfassung allerdings nur eine begrenzte Competenz besitzt, aber nach Artikel 78 der Reichsverfassung befugt ist, seine Competenz zu erweitern. Diese Erweiterung der Competenz des Reiches kann auch gegen den Willen einzelner Bundesstaaten erfolgen. Zur Erweiterung der Reichskompetenz ist nicht Einstimmigkeit sämmtlicher Bundesstaaten, sondern nur die in Artikel 78 Absatz 1 der Reichsverfassung vorgeschriebene verstärkte Majorität nothwendig.

Das Recht des Reiches, seine Competenz zu erweitern, ist indessen kein schrankenloses. Dasselbe findet seine Grenze an dem entgegenstehenden Rechte der einzelnen Bundesstaaten auf Existenz und auf Gleichberechtigung.

Das Recht der deutschen Bundesstaaten auf Existenz ergiebt sich aus der deutschen Reichsverfassung. Nach den Eingangsworten derselben schliessen der König von Preussen im Namen des Norddeutschen Bundes, die Könige von Bayern und Württemberg, die Grossherzöge von Baden und Hessen einen „ewigen" Bund. Ein Bund zwischen Staaten setzt begrifflich eine Mehrheit von Staaten voraus. Ein ewiger Bund ist ohne ewige Staaten nicht denkbar. Durch die Eingangsworte zur deutschen Reichsverfassung ist also die Ewigkeit der Bundesstaaten im juristischen Sinne verfassungsmässig garantirt.

Dass die deutschen Bundesstaaten ein verfassungsmässiges Recht auf Existenz haben, ergiebt sich nicht blos aus dem Wortlaut, sondern auch aus den Grundprincipien der deutschen Reichsverfassung. Abgesehen von einigen wenigen Bestimmungen (z. B. über die Verkündigung der Reichsgesetze, Artikel 2, und über den Reichstag, Artikel 20—32) würde die ganze Reichsverfassung mit einem Schlage gegenstandslos werden, falls die deutschen Bundesstaaten in Reichsprovinzen umgewandelt würden. Die Bestimmungen über den Bundesrath, das Bundespräsidium, den Bundeskanzler, die Matrikular-Beiträge, die Contingents-Verwaltungen, das Verhältniss von Reichs- und Landes-Gesetzen setzen eine Mehrheit von verbündeten Staaten mit Nothwendigkeit voraus.

Dass die deutschen Bundesstaaten ein verfassungsmässiges Recht auf Existenz haben, ergiebt sich endlich auch aus Artikel 78 Absatz 2 der Reichsverfassung. Nach diesem Artikel können diejenigen Vorschriften der Reichsverfassung, durch welche bestimmte Rechte einzelner Bundesstaaten in deren Verhältniss zur Gesammtheit festgestellt sind, nur mit Zustimmung des berechtigten Bundesstaates abgeändert werden. Hieraus muss gefolgert werden, dass jedenfalls diejenigen Staaten, welche mit Sonderrechten ausgestattet sind, nicht ohne ihre Zustimmung ihrer Existenz beraubt werden dürfen. Man kann doch unmöglich behaupten, das Recht der Bier- und Branntwein Besteuerung darf dem badischen Staate nicht entzogen werden; das Recht auf Existenz aber darf ihm entzogen werden. Eine solche Argumentation würde doch geradezu widersinnig sein, denn mit der Gesammtheit der Hoheitsrechte wird auch das Besteuerungsrecht, mit dem Ganzen auch der Theil entzogen. Man kann aber ferner nicht behaupten, nur diejenigen Staaten, welche mit Sonderrechten ausgestattet sind, hätten ein Recht auf Existenz, denn hierdurch würde eine ganz willkürliche und unvernünftige Unterscheidung zwischen den einzelnen Bundesstaaten gemacht werden. Hiernach würden die Hansestädte Hamburg und Bremen ein Recht auf Existenz besitzen, die Hansestadt Lübeck dagegen nicht, denn Lübeck hat kein Sonderrecht, Hamburg und Bremen dagegen haben ein Sonderrecht, nämlich das auf Artikel 34 der Reichsverfassung beruhende Recht, dass ihr Freihafen-Gebiet ohne ihre Zustimmung weder aufgehoben noch eingeschränkt werden kann.¹) Dazu kommt, dass der Begriff des Sonderrechts ein äusserst unklarer, schwankender und bestrittener ist. Es kann aber doch nicht angenommen werden, dass die Reichsverfassung die Existenz der Einzelstaaten von einem so unklaren und unbestimmten Merkmal abhängig gemacht werden soll. Zorn vertritt die Ansicht, das Königreich Sachsen habe keine Sonderrechte im Sinne des Artikel 78 Absatz 2 der Reichsverfassung, welche er als „Ausnahmerechte" bezeichnet; dagegen zählt er zu diesen Ausnahmerechten die Exemtion Oldenburgs von Artikel 22 des Zollvereins-Vertrages vom 8. Juli 1867 betreffend den Maximalsatz der Chausseegelder. Demnach würde die Höhe der Chausseegelder für das Recht der Staaten Sachsen und Oldenburg auf Existenz entscheidend sein.²) Die Höhe der Chausseegelder würde ferner über das Existenzrecht von Schaumburg-Lippe und Lippe-Detmold entscheiden, denn nach Hänel hat Lippe-Detmold kein Sonderrecht, Schaumburg-Lippe dagegen ist ebenfalls von Artikel 22 des Zollvereins-Vertrages eximirt.³) Laband erklärt, das Recht Bayerns auf sechs Stimmen im Bundesrathe sei ein Sonderrecht, denn im Frankfurter Bundestage habe Bayern nur vier Stimmen gehabt.⁴) Wenn dies richtig ist, dann müssen die Stimmrechte aller Staaten, welche mehr als eine Stimme im Bundesrathe führen, ebenfalls Sonderrechte sein, denn zwischen dem Bundestage des ehemaligen Deutschen Bundes und dem Bundesrathe des Norddeutschen Bundes beziehungsweise des Deutschen Reiches besteht keine Rechtskontinuität. Kein Staat hatte bei seinem Eintritt in den Bund beziehungsweise in das Reich ein erworbenes Recht, genau dieselbe Stimmenzahl wieder zu erhalten, die er in dem früheren Bundesverhältniss gehabt hatte. Nur aus praktischen Gründen

---

¹) Laband Bd. II S. 862.
²) Zorn: „Das Staatsrecht des Deutschen Reiches" 1880, Bd. I. S. 85.
³) Hänel: „Deutsches Staatsrecht Bd. I. S. 814.
⁴) Laband Bd. I. S. 105.

ist das frühere Stimmenverhältniss zu Grunde gelegt worden. Wenn aber das Recht auf eine mehrfache Stimmenzahl im Bundesrathe ein Sonderrecht ist, dann hat Mecklenburg-Schwerin ein Recht auf Existenz, Mecklenburg-Strelitz dagegen nicht, denn ersteres hat zwei Stimmen im Bundesrathe, letzteres dagegen nur eine. — Weiter kommt in Betracht, dass die sämmtlichen deutschen Bundesstaaten den gleichen historischen Ursprung haben, dass die sämmtlichen deutschen Bundesstaaten vor ihrem Eintritt in den Norddeutschen Bund bezw. in das deutsche Reich die Souveränetät besessen haben, dass auch die Sonderrechte, welche einzelne Bundesstaaten besitzen, verhältnissmässig geringfügig sind gegenüber der Landeshoheit, welche sämmtliche Bundesstaaten in gleicher Weise besitzen. Es ist also absolut kein Grund ersichtlich, wesshalb das Königreich Württemberg ein Recht auf Existenz haben soll, das Königreich Sachsen dagegen nicht[1]) oder wesshalb die Hansestadt Bremen ein Recht auf Existenz haben soll, die Hansestadt Lübeck dagegen nicht. Endlich bleibt noch zu berücksichtigen, dass gerade diejenigen Staaten, welche keine Sonderrechte haben — d. h. die Mehrzahl der norddeutschen Kleinstaaten — mit wenigen Ausnahmen die Verbündeten Preussens in dem siegreichen Kriege von 1866 gewesen sind. Es ist aber nicht zu vermuthen, dass Preussen durch Artikel 78 der norddeutschen Bundesverfassung (den heutigen Artikel 78 Absatz I der deutschen Reichsverfassung), welcher in der ursprünglichen Regierungs-Vorlage gar nicht enthalten war, sondern auf Antrag des Abgeordneten Lasker eingeschaltet

---

[1]) Nach Zorn, Staatsrecht Bd. I S. 85 ff., Schulze, Staatsrecht Bd. II S. 14—15, Meyer, Lehrbuch des deutschen Staatsrechts, Zweite Auflage 1885, S. 479—480 hat das Königreich Sachsen kein Sonderrecht im Sinne des Art. 78 Abs. 2 R.-V.; dagegen erklären Laband und Hänel (Staatsrecht Bd. I. S. 809) das Recht Sachsens auf einen ständigen Sitz in den Bundesraths-Ausschüssen für das Landheer und die Festungen, sowie für die auswärtigen Angelegenheiten, für ein Sonderrecht.

wurde, seinen treuen Verbündeten das Recht der Existenz rauben wollte.¹) Ebenso wenig ist zu vermuthen, dass die übrigen norddeutschen Staaten durch Annahme des Amendements Lasker auf ihr bis dahin unbestrittenes Recht der Existenz verzichten wollten.

Es ergiebt sich also: Wenn den süddeutschen Staaten Baden, Württemberg und Bayern nicht ein Mal das Recht der eigenen Bier- und Branntweinbesteuerung gegen ihren Willen durch die Reichsgesetzgebung entzogen werden kann, so kann ihnen noch viel weniger das Recht auf Existenz gegen ihren Willen durch die Reichsgesetzgebung entzogen werden. Wenn aber den süddeutschen Staaten das Recht auf Existenz nicht entzogen werden kann, so muss dasselbe auch von den norddeutschen Staaten gelten, denn es ist kein vernünftiger Grund ersichtlich, wesshalb die Reichsverfassung den süddeutschen Staaten das Privilegium der Existenz hätte gewähren sollen, den norddeutschen Staaten dagegen nicht.

Die deutschen Bundesstaaten haben ausser dem verfassungsmässigen Recht auf Existenz auch ein verfassungsmässiges Recht auf Gleichberechtigung, allerdings nicht ein Recht auf Gleichberechtigung im absoluten, mechanischen Sinne, sondern ein Recht auf verhältnissmässigen Antheil an allen Bundesrechten und Bundespflichten. Dieses Recht auf Gleichberechtigung ist zwar in der Reichsverfassung nicht ausdrücklich mit Worten ausgesprochen, aber aus den Principien der Reichsverfassung mit logischer Nothwendigkeit zu folgern. Eine Anwendung dieses Princips ist Artikel 58 der Reichsverfassung: „Die Kosten und Lasten des gesammten Kriegswesens des Reichs sind von allen Bundesstaaten und ihren Angehörigen gleichmässig zu tragen, so dass weder Bevorzugungen noch Prägravationen einzelner Staaten oder Klassen grundsätzlich zulässig sind." Eine Anwendung

---

¹) Vgl. die anonyme Schrift: „Competenz-Competenz? Erörterungen zu Artikel 78 der Verfassung des Norddeutschen Bundes" Leipzig 1869, S. 28 ff. S. 72.

dieses Princips ist ferner Artikel 70 der Reichsverfassung, nach welchem die Matrikular-Beiträge von den einzelnen Bundesstaaten „nach Massgabe ihrer Bevölkerung" aufzubringen sind. Eine Anwendung dieses Princips ist drittens auch die bekannte Frankensteinsche Klausel (§ 8 Absatz 1 des Gesetzes vom 15. Juli 1879): „Derjenige Ertrag der Zölle und der Tabaksteuer, welcher die Summe von 130 Millionen Mark in einem Jahre übersteigt, ist den einzelnen Bundesstaaten nach Maassgabe der Bevölkerung, mit welcher sie zu den Matrikularbeiträgen herangezogen werden, zu überweisen." Aus diesem Princip folgt nun, dass keinem Bundesstaate gegen seinen Willen Pflichten auferlegt werden können, die anderen Bundesstaaten nicht auferlegt werden und dass keinem Bundesstaate ohne Zustimmung der übrigen Staaten Rechte eingeräumt werden dürfen, die anderen Bundesstaaten nicht eingeräumt werden. Die Erweiterung der Competenz des Reiches ist also nur zulässig, wenn sie allen Bundesstaaten gegenüber gleichmässig erfolgt.[1])

Aus den vorstehenden Ausführungen ergiebt sich: Das Reich hat das Recht, seine Competenz zu erweitern; dieses Recht ist aber in doppelter Beziehung beschränkt. Das Reich darf die Existenz der Bundesstaaten nicht vernichten und einzelne Bundesstaaten im Verhältniss zu den übrigen weder bevorzugen noch benachtheiligen.

Prüfen wir nun, ob die hier gefundenen Grundsätze

---

[1]) Laband Bd. I S. 101—102: „Es muss als ein allgemeines Princip für die Reichsgesetzgebung überhaupt anerkannt werden, dass jede Abweichung von der Gleichberechtigung zu Ungunsten eines oder einzelner Mitglieder des Reiches deren specielle Zustimmung erfordert." S. 113: „Es muss als unzulässig erachtet werden, dass einzelnen Staaten ohne ihre Zustimmung Hoheitsrechte entzogen werden, welche den übrigen Staaten verbleiben. Daraus folgt, dass um so weniger einzelne Staaten ohne ihre Zustimmung ganz aufgehoben, etwa mit anderen vereinigt oder zu Reichsland erklärt werden können." — Vgl. ferner Schulze: Staatsrecht II, 12; Zorn, Staatsrecht I, 80.

auch auf Elsass-Lothringen zutreffen, so ergiebt sich Folgendes:

Das Recht auf Existenz kann für Elsass-Lothringen nicht aus der Reichsverfassung gefolgert werden, denn in der Reichsverfassung ist von Elsass-Lothringen überhaupt keine Rede. Elsass-Lothringen hat auch keine Sonderrechte; also diejenigen Argumente, aus denen das Recht der Bundesstaaten auf Existenz hergeleitet worden ist, lassen uns bei dem Staate Elsass-Lothringen im Stich.

Für Elsass-Lothringen ist eine andere Erwägung massgebend. Das Recht zu existiren braucht einem Staate nicht erst durch die Rechtsordnung verliehen zu werden, ebenso wenig wie das Recht zu leben der physischen Person durch die Rechtsordnung verliehen wird. Das Recht eines Staates zu existiren, folgt mit Nothwendigkeit aus dem Begriffe des Staates, ebenso wie das Recht einer physischen Person zu leben mit Nothwendigkeit aus dem Begriffe der Persönlichkeit sich ergiebt.[1] Das Wesen des Staates besteht darin, dass er Macht ist, dass er die Macht hat, zu herrschen, d. h. freie Personen seinem Willen zu unterwerfen und zur Befolgung seiner Gebote oder Verbote zu zwingen. Kraft dieser seiner Herrschermacht ist der Staat Ursprung, Quelle und Voraussetzung der Rechtsordnung, nicht ein Produkt derselben. Wenn aber der Staat Ursprung der Rechtsordnung ist, so kann er durch die von ihm selbst geschaffene Rechtsordnung nicht beseitigt werden. Was durch die Rechtsordnung nicht erzeugt ist, kann auch durch die Rechtsordnung nicht vernichtet werden. Entstehung und Untergang eines Staates sind historische Vorgänge, die von jeder geltenden Rechtsordnung unabhängig sind.[2]

---

[1] Jellinek: Gesetz und Verordnung S. 191: „Die eigene Existenz ist der erste und nächste Zweck des Staates, da sie die unerlässliche Bedingung ist für die Erfüllung aller übrigen Zwecke."

[2] Jellinek: „Lehre von den Staatenverbindungen." S. 264: „Das Königreich Italien ist nicht etwa dadurch entstanden, dass Sardinien, die Lombardei, Parma, Toskana, Neapel u. s. w. sich

Diese Grundsätze, welche zweifellos für jeden Einheitsstaat gelten, müssen auch für den zusammengesetzten Staat Geltung haben.[1]) Auch im zusammengesetzten Staate ist der Unterstaat Quelle der Rechtsordnung, nicht Produkt derselben. Er ist allerdings nicht Quelle der ganzen Rechtsordnung, aber doch Quelle eines Theiles derselben. Der Unterstaat ist eine subsidiäre Quelle der Rechtsordnung für alle Gebiete, welche durch den Oberstaat nicht geregelt sind. Auch wenn der Oberstaat alle Gebiete, die der Unterstaat bereits geregelt hat, von Neuem regelt, bleibt doch für den Unterstaat eine Fülle von Aufgaben übrig. Denn das Gebiet, welches der Staat seiner Rechtsordnung unterwerfen kann, ist unendlich gross; dasselbe erstreckt sich auf alle Seiten des menschlichen Lebens.[2]) Es hat noch nie einen Staat gegeben und wird vermuthlich nie einen Staat geben,

annektirte, denn mittels dieser Annexionen hätte nur ein vergrössertes Sardinien mit sardinischen Bürgern entstehen können, aber kein Italien mit Italienern. Italien ist keine Schöpfung Sardiniens, wie etwa Preussen eine Schöpfung Brandenburgs war, sondern es trat ins Dasein durch den Willen und die That der italienischen Nation, welche sich ihren Staat gründete. Alle Vorgänge, durch welche dies geschah, entbehren der juristischen Qualifikation, es sind Fakta, welche historisch, aber nicht mit einer juristischen Formel begriffen werden können. Erst wenn der Staat fertig dasteht, kann der Jurist die Formen untersuchen und begreifen, in denen sich das Leben desselben vollzieht."

[1]) Jellinek: Lehre von den Staatenverbindungen S. 262: „Alle Versuche, die Entstehung des Bundesstaates aus einem Vertrage der Gliedstaaten abzuleiten, müssen misslingen, weil es unmöglich ist, die Entstehung des Staates juristisch zu konstruiren. Der Staat als Voraussetzung der Rechtsordnung kann nicht durch einen Satz der erst von ihm Sanktion empfangenden Ordnung erklärt werden . . . . . Für die Bildung der Staaten giebt es kein anderes Recht als das der Weltgeschichte und, um sie zu begreifen, muss man sich den historisch wirkenden Kräften zuwenden, deren Gewalt ins Dasein ruft, was dem Juristen stets ein Gegebenes, nicht weiter ableitbares ist."

[2]) Georg Meyer: Lehrbuch des Deutschen Staatsrechts zweite Auflage S. 10: „Sachlich hat der Staat einen unbegrenzten Wirkungskreis. Seine Thätigkeit beschränkt sich nicht auf eine ein-

welcher diesen unendlichen Rahmen seiner Competenz vollständig ausgefüllt hätte. Jeder Staat ist genöthigt gewesen, eine Fülle von Aufgaben anderen Faktoren — Familie, Kirche, Gesellschaft — zu überlassen. Das Herrschaftsgebiet des Unterstaates wird also durch die Ausdehnung der Competenz des Oberstaates niemals ganz aufgesogen werden. Ebenso wie für die Familie, Gesellschaft und Kirche wird auch für den Unterstaat zur Bethätigung seiner Herrschermacht Raum übrig bleiben.

Aus dem Begriff des Staates folgt also, dass ein Unterstaat von seinem Oberstaat im Wege der Gesetzgebung nicht beliebig vernichtet werden kann, sondern ein selbstständiges Recht auf Existenz hat.

Elsass-Lothringen hat daher dem Reiche gegenüber dasselbe Recht auf Existenz wie jeder andere zum Reiche gehörige Staat.

Dagegen kann es zweifelhaft sein, ob Elsass-Lothringen auch ein Recht auf Gleichberechtigung mit den deutschen Bundesstaaten (Gliedstaaten) hat. In allen financiellen Dingen ist die Gleichberechtigung des Reichslandes mit den übrigen deutschen Staaten anerkannt, in anderen Beziehungen dagegen nicht. Durch die Gesetze vom 9. Juni 1871 (§ 3 Absatz 4) und vom 2. Mai 1877 (§ 2) ist nun ausgesprochen dass Elsass-Lothringen auf dem Gebiete der Gesetzgebung keinen Anspruch auf Rechtsgleichheit mit den übrigen deutschen Staaten hat.

Die vorstehenden Ausführungen haben also folgendes Resultat ergeben:

Die Befugniss des Reiches, seine Competenz gegenüber den Gliedstaaten auszudehnen, hat zwei Schranken: das Recht der Gliedstaaten auf Existenz und das Recht der Gliedstaaten auf Gleichberechtigung.

Die Befugniss des Reiches, seine Competenz gegenüber

---

zelne oder einzelne Seiten des menschlichen Lebens, er kann alle in den Bereich seines Handelns hineinziehen, es bleibt ihm keine Sphäre desselben principiell verschlossen."

dem Vasallenstaate Elsass-Lothringen auszudehnen, hat nur eine Schranke: das Recht des Vasallenstaates Elsass-Lothringen auf Existenz. Ein Recht auf Gleichberechtigung mit den Gliedstaaten steht dem genannten Vasallenstaate nicht zu, sonst wäre er kein Vasallenstaat mehr.

Die Gesetze vom 9. Juni 1871 und 2. Mai 1877 stellen lediglich den Grundsatz auf, dass Elsass-Lothringen keinen Anspruch auf Gleichberechtigung mit den Gliedstaaten auf dem Gebiet der Reichsgesetzgebung hat. Für die Frage ob Elsass-Lothringen ein Recht auf Existenz hat oder ob Elsass-Lothringen ein Staat ist, kann aus den genannten Gesetzesbestimmungen nichts gefolgert werden.

XII.

Die im vorstehenden Abschnitt entwickelte Ansicht über die Beschränkung der Reichsgewalt durch die entgegenstehenden Rechte der Einzelstaaten auf Existenz und auf Gleichberechtigung steht in Widerspruch mit der von Hänel aufgestellten Theorie, welche die Souveränetät als die „Rechtsmacht des Staates über seine Competenz" definirt.[1]) Aus dieser Definition der Souveränetät wird gefolgert, dass das Recht des Staates, die Grenzen seiner Competenz zu bestimmen, nicht blos ein unbeschränktes, sondern auch ein unbeschränkbares sei, dass es dem souveränen Staate gegenüber überhaupt keine Unverletzlichkeit subjektiver Rechte geben könne.[2]) Diese Theorie kann indessen Artikel 78 Absatz 2 der Reichsverfassung nicht erklären, welcher die Aufhebung der Sonderrechte von der Zustimmung des berechtigten Bundesstaates abhängig macht. Hänel macht allerdings den Versuch, die genannte Bestimmung der Reichsverfassung im Sinne seiner Theorie zu erklären. Derselbe behauptet, Artikel 78 Absatz 2 schütze nicht das subjektive Recht der bevorrechtigten Ein-

---
[1]) Hänel: „Die vertragsmässigen Elemente der deutschen Reichsverfassung" Leipzig 1873 S. 148—149.
[2]) Hänel: Deutsches Staatsrecht S. 817, 819.

zelstaaten, sondern den objektiven Rechtssatz, auf dem dieses subjektive Recht beruhe; durch Artikel 78 Absatz 2 werde die Aufhebung des objektiven Rechtssatzes nicht blos an die gemeingültigen Formen jeder Verfassungsänderung, sondern überdies noch an das besondere Erforderniss geknüpft, dass sich in der durch Artikel 78 Absatz 1 vorgeschriebenen, verstärkten Majorität des Bundesraths die bejahende Stimme des bevorrechtigten Einzelstaates befinden müsse.[1]

Diese formale Unterscheidung zwischen subjektivem Recht und objektivem Rechtssatz läuft aber sachlich auf genau dasselbe hinaus. Das Reich kann das subjektive Recht eines Einzelstaates nicht aufheben, ohne gleichzeitig den objektiven Rechtssatz, auf dem das subjektive Recht beruht, ausser Kraft zu setzen. Die Aufhebung des subjektiven Rechts und die Aufhebung des objektiven Rechtssatzes sind daher gar nicht von einander zu trennen. Ueber Beides entscheidet nicht der Wille des Reiches, sondern der Wille des Einzelstaates. Bezüglich der Sonderrechte also findet der Wille des Reiches an dem Willen der Einzelstaaten seine Schranke.

Dass ein souveräner Staat sich in bindender Weise selbst beschränken könne, wird anerkannt von Jellinek, der indessen die Consequenzen dieses Grundsatzes nicht zieht, vielmehr behauptet, der Oberstaat im zusammengesetzten Staate habe die rechtliche Befugniss, die von ihm anerkannten Unterstaaten jeder Zeit zu vernichten.[2]

---

[1] Hänel, a. a. O S. 819: „Auch die Aufhebung oder Abänderung einer jeden Exemtion fällt als Vorschrift der Verfassung in die Kompetenz-Kompetenz des Reiches. Sie ist Gegenstand der Gesetzgebung des Reiches; aber die Rechtsgültigkeit jedes eine Exemtion betreffenden Gesetzes ist nicht nur an die gemeingültigen Formen der Verfassungsänderung, sondern überdies an das besondere Erforderniss gebunden, dass sich in der zureichenden Majorität des Bundesrathes die bejahende Stimme des bevorrechtigten Einzelstaates befinden muss."

[2] Jellinek: „Gesetz und Verordnung" S. 198: „Indem der Staat die Fähigkeit der Selbstbestimmung besitzt, hat er auch die der

XIII.

Zwischen dem Vasallenstaate Elsass-Lothringen und den Gliedstaaten des Deutschen Reiches bestehen folgende Unterschiede:

Inhaber der Staatsgewalt in den Gliedstaaten sind Inländer d. h. Personen, die den betreffenden Gliedstaaten angehören; Inhaber der Staatsgewalt in Elsas-Lothringen sind Ausländer d. h. Personen, die ausserhalb des elsass-lothringischen Staatsverbandes stehen.

Elsass-Lothringen ist in seinen Pflichten den Gliedstaaten gleichgestellt, aber nicht in seinen Rechten. Elsass-Lothringen hat keinen Anspruch auf Rechtsgleichheit mit den übrigen deutschen Staaten. Das Reich kann seine Competenz in Elsass-Lothringen auf Gebiete ausdehnen, welche es in den Gliedstaaten der Landes-Staatsgewalt überlässt.

Elsass-Lothringen hat keinen Antheil an der Regierung des Reichs, in Folge dessen auch kein Stimmrecht im Bundesrath.

Elsass-Lothringen hat keinen Antheil an der Gesetzgebung des Reiches, denn die Sanktion der Reichsgesetze erfolgt durch den Bundesrath, in welchem Elsass-Lothringen nicht vertreten ist.

Elsass Lothringen hat keinen Antheil an der Post- und Telegraphen-Verwaltung. Die durch Artikel 50 Absatz 5 der Reichsverfassung den Landesregierungen eingeräumten Rechte stehen der Landesregierung von Elsass-Lothringen nicht zu.[1]) Allerdings giebt es auch andere Landesregie-

---

Selbstbeschränkung. Indem er Persönlichkeiten unter sich und neben sich anerkennt, schafft er sich sein Recht nach Innen und nach Aussen. An dem anerkannten Rechte der fremden Persönlichkeit findet sein Recht eine Grenze" . . . . S. 199: „Die Persönlichkeit fremder Staaten anerkennend bindet er durch Einordnung in die internationale Rechtsordnung seinen Willen." S. 203: „Die staatliche Existenz des nicht souveränen Staates ist in den souveränen Willen des Oberstaates gestellt. Der souveräne Staat kann die nichtsouveränen exprопriiren, ohne dass ihm hierin eine formelle Rechtsschranke a priori gesetzt wäre"

¹) Laband Bd. II S. 43—44.

rungen, welche diese Rechte nicht besitzen. Dieselben haben aber im Wege des Vertrages freiwillig auf die genannten Rechte verzichtet. Elsass-Lothringen hat nicht verzichtet; gleichwohl besitzt es die in Artikel 50, Absatz 5 der Reichsverfassung erwähnten Rechte nicht. Das Reich hat nicht durch einen formellen Akt der Gesetzgebung, wohl aber durch konkludente Handlungen das gesammte Post- und Telegraphen-Wesen in Elsass-Lothringen in seine eigene und unmittelbare Verwaltung übernommen.

Elsass-Lothringen hat keinen Antheil an der Militär-Verwaltung. Die in Artikel 66 der Reichsverfassung den Bundesfürsten und Senaten gewährleisteten Rechte sind für Elsass-Lothringen gegenstandslos, da es weder ein elsasslothringisches Contingent noch elsass-lothringische Officiere giebt. Allerdings besitzen die meisten anderen deutschen Staaten die in Artikel 66 der Verfassung erwähnten Rechte ebenfalls nicht; allein diese Staaten haben ihre Rechte freiwillig durch die mit Preussen abgeschlossenen Militär-Conventionen auf den preussischen Staat übertragen. Elsass-Lothringen hat keine Militär-Convention mit Preussen abgeschlossen. Da indessen der König von Preussen gleichzeitig Bundesfeldherr ist und ausserdem mit den übrigen Rechten der Landeshoheit auch die Militärhoheit in Elsass-Lothringen ausübt, so sind die elsass-lothringischen Militär-Angelegenheiten nicht besonderen Organen der elsass-lothringischen Landesverwaltung, sondern den Organen der preussischen Militärverwaltung übertragen worden. Für Elsass-Lothringen ist also durch einseitige Verordnungen der Verwaltung derselbe Zustand geschaffen worden, der in den meisten anderen deutschen Staaten durch die Militär-Conventionen geschaffen worden ist.

Elsass-Lothringen hat keine Sonderrechte. Die in § 4 und 5 des Gesetzes vom 25. Juni 1873 über die Biersteuer und das Oktroi getroffenen Ausnahme-Bestimmungen sind keine Sonderrechte, sondern widerrufliche Begünstigungen.

Der Kaiser ist nicht Landesherr von Elsass-Lothringen.

Seine Rechte auf Ausübung der Landes-Staatsgewalt sind durch Reichsgesetz geschaffen; dieselben können daher durch Reichsgesetz d. h. Majoritätsbeschluss des Bundesraths und des Reichstags vermindert oder gänzlich aufgehoben werden. Die Stellung, welche der Kaiser auf Grund des Gesetzes vom 9. Juni 1871 in Elsass-Lothringen hat, entspricht genau derjenigen, welche der König von Preussen in Schleswig und der Kaiser von Oesterreich in Holstein in der Zeit von der Gasteiner Convention (14 August 1865) bis zum Prager Frieden (23. August 1866) hatten, sowie derjenigen, welche der König von Preussen noch jetzt auf Grund des Accessions-Vertrages in Waldeck einnimmt.[1]

Der Statthalter und der Staatssekretär von Elsass-Lothringen sind für die Verwaltung der elsass-lothringischen Landes-Angelegenheiten nicht dem Landes-Ausschuss, sondern dem Reichstag verantwortlich.[2] Diese Verantwortlichkeit ist indessen keine unbegrenzte; sie wird begrenzt einerseits durch die Competenz der genannten Beamten, andererseits auch durch die Competenz des Reichstags bezw. des Reichs. Es scheidet also aus:

1) das ganze Gebiet derjenigen Verwaltungszweige, welche nicht zur Competenz des Statthalters, sondern zur Competenz des Reichskanzlers gehören (Reichs-Post- und Telegraphen-Verwaltung, Reichs-Eisenbahn-Verwaltung, Reichsbank-Verwaltung, der financielle Theil der Reichs-Militär-Verwaltung), denn für diese Verwaltungszweige trägt der Reichskanzler die Verantwortung.

2) das ganze Gebiet derjenigen Verwaltungszweige, welche zwar zur Competenz des Statthalters gehören, aber bis jetzt vom Reiche nicht geregelt sind. Das Reich kann zweifellos seine Competenz auf das elsass-lothringische Unterrichtswesen ausdehnen. So lange aber diese Ausdehnung

---

[1] Dr. F. Böttcher: „Das Staatsrecht des Fürstenthums Waldeck" in Marquardsens Handbuch des öffentlichen Rechts. Bd. II Abtheilung I S. 152.
[2] Leoni: Verfassungsrecht. S. 71 Anm. 1.

nicht erfolgt ist, gehört das elsass lothringische Unterrichtswesen nicht zur Competenz des Reiches. Und so lange das elsass-lothringische Unterrichtswesen nicht zur Competenz des Reiches gehört, unterliegt die Verwaltung desselben auch nicht der parlamentarischen Controle des Reichstags. Für die konstitutionelle Verantwortlichkeit des Statthalters und des Staatssekretärs bleibt also nur ein kleines, eng begrenztes Feld übrig, nämlich diejenigen elsass-lothringischen Angelegenheiten, welche in den übrigen Staaten durch die Landesgesetzgebung, in Elsass-Lothringen aber durch die Reichsgesetzgebung geregelt sind. Hierher gehört vor Allem das elsass-lothringische Verfassungsrecht, welches durch die Reichsgesetze vom 9. Juni 1871, 2. Mai 1877 und 4. Juli 1879 vom Reiche geschaffen ist und vom Reiche wieder geändert werden kann. — In allen übrigen elsasslothringischen Angelegenheiten besteht keine konstitutionelle Minister-Verantwortlichkeit des Statthalters und des Staatssekretärs.

Der Landes Ausschuss von Elsass-Lothringen ist den Kammern oder Landtagen der deutschen Bundesstaaten nicht gleichgestellt. Demselben fehlen die verfassungsmässigen Garantien seiner Existenz. Während die preussischen, bairischen, sächsischen Kammern etc. nur mit ihrer Zustimmung aufgehoben, in ihrer Zusammensetzung verändert, in ihren Rechten beschränkt werden können, kann der Landesausschuss von Elsass-Lothringen ohne seine Zustimmung wieder beseitigt in seiner Zusammensetzung verändert, in seinen Rechten beschränkt werden.

Die Mitwirkung der Landtage der deutschen Bundesstaaten bei der Gesetzgebung, der Bewilligung von Einnahmen und Ausgaben ist wesentlich. Dieselbe kann durch die Zustimmung anderer Faktoren nicht ersetzt werden. Die Mitwirkung des Landes-Ausschusses bei der Gesetzgebung, der Bewilligung von Einnahmen und Ausgaben für Elsass-Lothringen ist nicht wesentlich. Dieselbe kann jeder Zeit durch die Zustimmung des Reichstages ersetzt werden.

Der Landes-Ausschuss hat — abgesehen von der ihm zustehenden Rechnungs-Kontrole (§ 3 des Gesetzes vom 2. Mai 1877) — kein formelles Recht, von der Regierung Rechenschaft über ihre Amtshandlungen zu verlangen, kein Recht der Interpellation, da eine konstitutionelle Minister-Verantwortlichkeit gegenüber dem Landes-Ausschusse nicht besteht. Die Rechte des Landes-Ausschusses sind erschöpfend aufgezählt in § 2 und § 3 des Gesetzes vom 2. Mai 1877, sowie § 21 des Gesetzes vom 4. Juli 1879.

Was die schwierige Frage betrifft, ob die Mitglieder des Landes-Ausschusses die parlamentarische Immunität im Sinne des § 11 des deutschen Strafgesetzbuchs besitzen, so wird diese Frage unter Bezugnahme auf Artikel I Absatz 2 des elsass-lothringischen Einführungsgesetzes zum Strafgesetzbuch vom 30. August 1871 fast allgemein bejaht.[1]

Artikel I Absatz 2 des genannten Einführungsgesetzes lautet: „Die Bestimmungen dieses Gesetzbuchs, in welchen von Bundesstaaten oder deren Beziehungen die Rede ist, finden auch auf Elsass-Lothringen und dessen entsprechende Beziehungen Anwendung."

Aus dieser Gesetzesstelle wird gefolgert:
Die Landtage oder Kammern der deutschen Bundesstaaten sind Beziehungen dieser Bundesstaaten; der Landes-Ausschuss von Elsass-Lothringen ist eine Beziehung von Elsass-Lothringen; also findet § 11 des Strafgesetzbuchs, der für die Mitglieder der Kammern und Landtage der deutschen Staaten gilt, auch auf die Mitglieder des Landes-Ausschusses Anwendung[2]

Dieser Auslegung des Artikel I Absatz 2 des Einführungsgesetzes vom 30. August 1871 stehen indessen folgende Bedenken entgegen:

---

[1] Stöber: „Die parlamentarische Immunität des Landes-Ausschusses für Elsass-Lothringen" im Archiv für öffentliches Recht Bd. I S. 623—676; Laband: Deutsches Staatsrecht Bd. I S. 708; das Recht der Wiedergewonnenen S. 77; Leoni: Verfassungsrecht S. 71—72.

[2] Stöber, a. a. O. S. 626, 673—674.

Die ungewöhnliche Ausdrucksweise „Bundesstaaten oder deren Beziehungen — Elsass-Lothringen und dessen entsprechende Beziehungen" ist offenbar eine Nachbildung des Ausdrucks: „Das deutsche Reich und dessen entsprechende Beziehungen", der sich in § 2 Absatz 2 des Reichsgesetzes vom 16. April 1871 betreffend die Redaktion der deutschen Reichsverfassung findet. Der genannte Paragraph lautet: „Die dort bezeichneten Gesetze sind Reichsgesetze. Wo in denselben von dem Norddeutschen Bunde, dessen Verfassung, Gebiet, Mitgliedern oder Staaten, Indigenat, verfassungsmässigen Organen, Angehörigen, Beamten, Flagge u. s. w. die Rede ist, sind das Deutsche Reich und dessen entsprechende Beziehungen zu verstehen." Genau denselben Wortlaut oder fast denselben Wortlaut enthält Artikel 80 der mit Baden und Hessen vereinbarten Verfassung des Deutschen Bundes,[1]) Artikel 79 des Vertrages vom 23. November 1870 betreffend den Beitritt Bayerns zur Verfassung des Deutschen Bundes,[2]) Artikel 2 des Gesetzes vom 8. Januar 1873 betreffend Einführung des Gesetzes über die Erwerbung und den Verlust der Bundes- und Staatsangehörigkeit, § 7 des Gesetzes vom 25. Juni 1873 betreffend die Einführung der Reichsverfassung in Elsass-Lothringen. Einen ähnlichen, wenn auch etwas abweichenden Wortlaut hat Artikel I Absatz 2 des Gesetzes vom 23. Dezember 1873 betreffend die Einführung des Reichsbeamtengesetzes, in welchem „von dem Reiche, dem Reichsdienste, dem Reichsfonds oder anderen Einrichtungen des Reichs" die Rede ist. Aus der *clausula generalis* „u. s. w." und „andere Einrichtungen des Reichs", welche die erwähnten Gesetzesstellen enthalten, folgt, dass eine feste Begriffsbestimmung der „entsprechenden Beziehungen von Elsass-Lothringen" im Sinne des Artikel I Absatz 2 des Einführungsgesetzes vom 30. August 1871 einfach unmöglich ist,

---

[1]) Bundes-Gesetzblatt von 1870 S. 647.
[2]) Reichsgesetzblatt von 1871 S. 16.

dass der genannte Artikel lediglich bedeutet „Ueberall, wo im deutschen Strafgesetzbuch das Wort **Bundesstaat** vorkommt, sind an Stelle dieses Wortes die Worte Elsass-Lothringen zu setzen." Aus Artikel I Absatz 2 des Einführungsgesetzes kann also nur gefolgert werden, dass an Stelle der Worte „eines zum Reiche gehörigen Staats" in § 11 des Strafgesetzbuchs die Worte „von Elsass Lothringen" zu setzen sind. Aus dem genannten Artikel des Einführungsgesetzes kann dagegen nicht gefolgert werden, dass an Stelle der Worte „eines Landtags oder einer Kammer" die Worte „des Landes-Ausschusses" zu setzen sind.

Zu diesen Erwägungen tritt noch der weitere Umstand hinzu, dass § 11 und 12 des Strafgesetzbuchs ebenso wie Artikel 22 der Reichsverfassung Ausnahme-Vorschriften enthalten und dass Ausnahme-Vorschriften nicht in analoger Weise angewendet werden dürfen.[1])

Endlich kommt in Betracht, dass bei Erlass des Gesetzes vom 30. August 1871 noch gar kein Landes-Ausschuss existirte. Der Gesetzgeber kann also bei Erlass dieses Gesetzes unmöglich an den erst 1874 geschaffenen und erst 1877 mit einem Antheil an der Gesetzgebung ausgestatteten Landesauschuss gedacht haben.

Aus dem Einführungsgesetz vom 30. August 1871 kann also die Immunität der Mitglieder des Landes-Ausschusses nicht hergeleitet werden.

Entscheidend ist meines Erachtens folgende Erwägung: Elsass-Lothringen ist ein zum Reiche gehöriger Staat im Sinne des § 11 Stgb., wie in vorstehender Abhandlung ausführlich erörtert wurde.

Eine gesetzliche Definition der Begriffe „Landtag" und „Kammer" im Sinne der §§ 11 und 12 des deutschen Strafgesetzbuchs giebt es nicht. Sowohl in dem Sprachgebrauch des gewöhnlichen Lebens als in officiellen Aktenstücken und in der staatsrechtlichen Litteratur sind „Land-

---

[1]) Entscheidungen des Reichsgerichts in Strafsachen Bd. XV S. 83.

tage" auch die Stände-Versammlungen genannt worden, welche in den meisten deutschen Staaten schon vor dem Jahre 1848 existirten. Einem grossen Theile dieser Stände-Versammlungen haben dieselben Rechte gefehlt, welche dem heutigen Landes-Ausschuss fehlen. Ein Theil dieser Stände-Versammlungen hat sogar noch weit geringere Rechte gehabt, als der heutige Landes-Ausschuss hat. Es genügt hier, an den Vereinigten Landtag des Königreichs Preussen zu erinnern, dessen einziges Recht nach dem Patent vom 3. Februar 1847 in der Beschlussfassung über neue Steuern und Anleihen bestand. Gleichwohl ist dem Vereinigten Landtage die Eigenschaft eines „Landtags" noch nie bestritten worden.

Nach dem allgemeinen Sprachgebrauch also und nach der historischen Entwickelung, welche die Kammern und Landtage in Deutschland gehabt haben, besteht kein genügender Grund, dem Landes-Ausschusse von Elsass-Lothringen die Eigenschaft eines „Landtags" abzusprechen. Wenn aber der Landes-Ausschuss ein Landtag ist, so sind die Mitglieder des Landes-Ausschusses Mitglieder des Landtags eines zum Reiche gehörigen Staats und besitzen daher gemäss § 11 des Strafgesetzbuchs die parlamentarische Immunität.

XIV.

Die Frage, ob Elsass-Lothringen eine Provinz des Reiches oder ein selbstständiger Staat ist, hat nicht blos ein theoretisches Interesse, sondern auch eine erhebliche praktische Bedeutung.

Wenn Elsass-Lothringen eine Provinz des Reiches ist, so kann dasselbe durch Reichsgesetz d. h. durch Majoritätsbeschluss des Bundesraths und des Reichstags ganz oder theilweise an einen der deutschen Bundesstaaten abgetreten werden. Wenn Elsass-Lothringen ein Staat ist, so besteht zwischen den Theilhabern an der Landeshoheit ein Condominat-Verhältniss. Ein Condominat-Verhältniss aber kann nicht durch Majoritäts-Beschluss der berechtigten Theilhaber aufgehoben werden, vielmehr ist zur Aufhebung desselben, folglich auch zur Abtretung von Elsass-Lothringen an einen deutschen Bundesstaat, Einstimmigkeit sämmtlicher Theilhaber d. h. sämmtlicher deutschen Bundesstaaten nothwendig. Wenn Elsass-Lothringen eine Provinz des Reiches ist, so sind die elsass-lothringischen Forsten und die elsass-lothringische Tabakmanufaktur aus dem Eigenthum des französischen Staatsfiskus in das Eigenthum des Reichsfiskus übergegangen und können von letzterem jeder Zeit vindicirt werden. Wenn Elsass-Lothringen ein Staat ist, so sind die elsass-lothringischen Forsten und die Tabakmanufaktur überhaupt niemals Eigenthum des Reichsfiskus geworden, sondern von dem französischen Staatsfiskus direkt auf den Fiskus des neugeschaffenen Staates Elsass-Lothringen übergegangen.

Wenn Elsass-Lothringen eine Provinz des Reiches ist, so sind die in der Zeit vom 28. Juni 1871 bis 31. Dezember 1873 in Elsass-Lothringen erlassenen Gesetze Reichsgesetze. Wenn die erwähnten Gesetze aber Reichsgesetze sind, so kann in Civilsachen auf Verletzung dieser Gesetze das Rechtsmittel der Revision gestützt werden[1]; ferner entscheidet in Strafsachen über die Revision, welche auf Verletzung dieser Gesetze gestützt wird, das Reichsgericht[2]; endlich sind die processrechtlichen Vorschriften dieser Gesetze durch die Civilprocessordnung und die Strafprocessordnung nicht berührt worden.[3]

Wenn Elsass-Lothringen ein Staat ist, so sind die in der Zeit vom 28. Juni 1871 bis 31. Dezember 1873 in Elsass-Lothringen erlassenen Gesetze Landesgesetze. In diesem Falle kann in Civilsachen das Rechtsmittel der Revision auf Verletzung der fraglichen Gesetze nur dann gestützt werden, wenn der Geltungsbereich der Landesgesetze sich über Elsass-Lothringen hinaus erstreckt.[1] In Strafsachen entscheidet über die Revision, welche auf Verletzung

---

[1] § 511 der Civilprocessordnung.
[2] 136 des Gerichtsverfassungsgesetzes.
[3] § 13 des Einführungsgesetzes zur Civil-Processordnung und § 5 des Einführungsgesetzes zur Strafprocessordnung.

der fraglichen Gesetze gestützt wird, das Oberlandesgericht[1]); die processrechtlichen Vorschriften der fraglichen Gesetze sind durch die Civilprocessordnung und die Strafprocessordnung aufgehoben.[2])

Wenn die in der Zeit vom 28. Juni 1871 bis 31. Dezember 1873 in Elsass-Lothringen erlassenen Gesetze Landesgesetze sind, dann müssen auch diejenigen Gesetze Landesgesetze sein, welche in den übrigen Theilen des Deutschen Reiches als Reichsgesetze gelten und vor Einführung der Reichsverfassung durch die Landesgesetzgebung auf Elsass-Lothringen ausgedehnt worden sind. Zu diesen Gesetzen gehören das Handelsgesetzbuch, die Wechselordnung, das Gesetz über die Freizügigkeit, das Vereins-Zollgesetz, das Gesetz über die Erwerbung und den Verlust der Bundes- und Staatsangehörigkeit, das Gesetz über das Postwesen des Deutschen Reichs, das Gesetz betreffend die Verbindlichkeit zum Schadenersatz für die bei dem Betriebe von Eisenbahnen, Bergwerken, u. s. w. herbeigeführten Tödtungen und Körperverletzungen, das Gesetz betreffend die Inhaberpapiere mit Prämien, das Gesetz betreffend die Beschränkungen des Grundeigenthums in der Umgebung von Festungen, das Reichsbeamtengesetz und andere sehr wichtige Reichsgesetze:

Bei Einführung der Reichsverfassung in Baden, Hessen, Württemberg und Bayern sind diejenigen Bundesgesetze, deren Wirksamkeit auf die genannten Staaten ausgedehnt wurde, ausdrücklich zu Reichsgesetzen erklärt und durch die Reichsgesetzgebung in diesen Staaten eingeführt worden.[3])

Bei Einführung der Reichsverfassung in Elsass-Lothringen

---

[1]) § 123 Z. 3 des Gerichtsverfassungsgesetzes.

[2]) § 14 des Einführungsgesetzes zur Civilprozessordnung und § 6 des Einführungsgesetzes zur Strafprocessordnung.

[3]) Vertrag zwischen dem Norddeutschen Bunde, Baden und Hessen vom 15. November 1870 Artikel 80. Bundesgesetzblatt von 1870 S. 647; Vertrag mit Württemberg vom 25. November 1870 Bundesgesetzblatt von 1870 S. 656; Reichsgesetz vom 22. April 1871 betreffend Einführung Norddeutscher Bundesgesetze in Bayern. Reichsgesetzblatt S. 87.

ist es versäumt worden, denjenigen Reichsgesetzen, deren Wirksamkeit bereits durch die Landesgesetzgebung auf Elsass-Lothringen ausgedehnt worden war, die Kraft von Reichsgesetzen beizulegen. Leoni behauptet, die vor Einführung der Reichsverfassung durch die Landesgesetzgebung auf Elsass-Lothringen ausgedehnten Reichsgesetze seien als Reichsgesetze anzusehen, denn durch § 2 des Gesetzes vom 9. Juni 1871 habe das Reich dem Kaiser und dem Bundesrath eine Vollmacht zur Einführung von Reichsgesetzen ertheilt.[1]) Gegen diese Ansicht spricht schon der klare Wortlaut des erwähnten § 2, welcher bestimmt, dass die **Verfassung des Deutschen Reichs** in Elsass-Lothringen am 1. Januar 1873 in Wirksamkeit treten solle und dass **einzelne Theile dieser Verfassung** durch Verordnung des Kaisers mit Zustimmung des Bundesraths schon früher eingeführt werden könnten. Die Ansicht von Leoni würde überdies zu der Consequenz führen, dass das Gesetz vom 23. Dezember 1873, soweit es auf Reichsbeamte Anwendung findet, ein Reichsgesetz und, soweit es auf Landesbeamte Anwendung findet, ein Landesgesetz wäre. Ein und dasselbe Gesetz kann aber nicht gleichzeitig Reichsgesetz und Landesgesetz sein; Reichsgesetz und Landesgesetz sind Gegensätze; der eine dieser Begriffe schliesst den anderen aus.

---

[1]) Leoni: Verfassungsrecht. S. 171.